クリエイターのための
SketchUp
for Web 入門

アーキビット 阿部秀之 [著]

JN090585

本書をご購入・ご利用になる前に 必ずお読みください

● 本書の内容は、執筆時点（2024年5月）の情報に基づいて制作されています。これ以降に製品、サービス、その他の情報の内容が変更されている可能性があります。また、ソフトウェアに関する記述も執筆時点の最新バージョンを基にしています。これ以降にソフトウェアがバージョンアップされ、本書の内容と異なる場合があります。

● 本書は、SketchUp for Webの解説書です。本書の利用に当たっては、インターネットに接続し、Microsoft EdgeやGoogle ChromeなどのWebブラウザが使用できる環境にてTrimbeleアカウントを取得し、SketchUp for Webを使用可能とする必要があります。

● 当社ならびに著作権者、開発元・販売元は、SketchUp for Webの無償版（SketchUp Free）、SketchUpの評価版についてのご質問は一切受け付けておりません。

● 開発元・販売元は、本書の内容についてのご質問は一切受け付けておりません。

● 本書はWindows 10がインストールされたパソコンで、2024年5月時点のSketchUp for Webを使用して解説を行っています。すべての環境で同じように再現されることを保証するものではなく、ご使用のOSやアプリケーションのバージョンによって、画面や操作方法が本書と異なる場合がございます。

● 本書は、パソコンやWindowsの基本操作ができる方を対象としています。

● 本書の利用に当たっては、インターネットから教材データをダウンロードする必要があります（P.010参照）。そのためインターネット接続環境が必須となります。

● 教材データを使用するには、2024年5月時点のSketchUp for Webが動作する環境が必要です。これ以外のバージョンでの使用は保証しておりません。

● 本書に記載された内容をはじめ、インターネットからダウンロードした教材データ、プログラムなどを利用したことによるいかなる損害に対しても、データ提供者（開発元・販売元等）、著作権者、ならびに株式会社エクスナレッジでは、一切の責任を負いかねます。個人の責任においてご使用ください。

● 本書に直接関係のない「このようなことがしたい」「このようなときはどうすればよいか」など特定の操作方法や問題解決方法、パソコンやWindowsの基本的な使い方、ご使用の環境固有の設定や特定の機器向けの設定などのお問合せは受け付けておりません。本書の説明内容に関するご質問に限り、P.223のFAX質問シートにて受け付けております。

以上の注意事項をご承諾いただいたうえで、本書をご利用ください。ご承諾いただけずお問合せをいただいても、株式会社エクスナレッジおよび著作権者はご対応いたしかねます。予めご了承ください。

カバー・本文デザイン …… 蠟崎　愛
編集協力 ………………… 豊岡昭彦
印刷 ……………………… 株式会社ルナテック

はじめに

　本書は、建築、映像、アニメーション、イラスト、DIYなどさまざまな分野のクリエイターのために、Webブラウザで動作する3次元ソフト「SketchUp for Web」の活用方法を解説した入門書です。

　本書を読みながらSketchUp for Webでモデリングを行うことで、家具や建物だけでなく、さまざまな3次元モデルを作成し、それをさまざまなクリエイティブな制作現場で活用できるようになります。

　Chapter 1では、SketchUp for Webを使う前の準備として、アカウントの取得方法やアプリケーションの起動、ファイルの保存方法などの基本操作、インターフェースの名称などについて解説しています。

　Chapter 2では、モデリングを行う上でよく使うツールをピックアップして、基本的な使い方を紹介しています。

　Chapter 3では、各ツールの使い方の練習として「ソファ」の作成手順を解説しています。特に、平面を立体にする[プッシュ/プル]ツール、立体を面取りする[フォローミー]ツール、そして「コンポーネント」の使い方を習得することを目的としています。ここで解説していることを実際に手順通りに行うことで、ツールの使い方や画面の移動方法にも慣れると思います。

　Chapter 4では、シンプルな平屋住宅の作成手順を解説しています。まず間取りを作成し、開口部、サッシやドアなどの建具、玄関、屋根という順で作成します。やや細かな作業が多くなりますが、ここでの操作を一通り実践することで、SketchUp for Webでのモデリングに自信が持てるようになるでしょう。

　Chapter 5では、活用テクニックとして、建築、映像、アニメーション、イラスト、DIYなどさまざまな分野でSketchUp for Webを活用するための方法やヒントについて解説しています。

　3次元ソフトはさまざまありますが、SketchUp for Webは自分の思い描いたモノを直感的な操作で制作できるツールです。

　本書はさまざまな分野のクリエイターがSketchUp for Webを利用できるようになることを目的に執筆しました。SketchUp for Webには無償版もあるので、まずはそちらを使ってモデリングの手軽さ、楽しさを知っていただきたいと思います。一人でも多くのSketchUpユーザーが増えることを期待しています。

阿部秀之

Contents

Chapter 1

SketchUp for Webを使うための準備 …… 011

Chapter 2

必須ツールと基本操作 …………………………… 045

Chapter 3

ソファをモデリングする

Chapter 4

住宅のモデルを作成する

Contents

本書の読み方

本書について

本書は、Webブラウザで動作するアプリケーション「SketchUp for Web」を使って3Dモデルを作成する、実践的な操作方法について解説している。そのため、WindowsまたはMacパソコンの基礎知識および基本操作をマスターした人を対象としている。

本書におけるSketchUpのバージョンとOS

本書は「SketchUp for Web」の仕様に即した内容になっている。2024年5月現在、SketchUp for Webのバージョンは2024である。最新バージョンとは一部表示が異なる点があることをご了承いただきたい。また、本書ではWindowsでの操作について記述しているため、Macで利用する場合、Windowsとほぼ同様に操作できるが、マウスボタンの操作やキーの名称などについては適宜読み替える必要がある。

例えばキー操作の場合、
- Windowsの Ctrl キーは、Macでは command キー
- Windowsの Alt キーは、Macでは option キー
- Windowsの Enter キーは、Macでは return キー

にそれぞれ置き換えられる。

 注意

本書は、2024年5月現在リリースされている「SketchUp for Web」の仕様に即した内容となっている。そのほかのソフトウェアについても同様である。

本書の構成

本書は、実際にSketchUp for Webを操作しながら学習する。Chapter 1 でSketchUpを使うための予備知識を学び、Chapter 2 で基本的なツールの使い方、Chapter 3 でソファをモチーフにして初歩的なモデリング操作を習得する。Chapter 4 では平屋建ての住宅をモチーフにしてより実践的なモデリング方法、Chapter 5 では作成したモデルをさまざまな創作の現場で活用するためのテクニックについて解説している。

ファイルマーク

本編で図のようなファイルマークとファイル名の記載がある場合、教材データ（練習用や参考用のファイル）が用意されている（一部、ファイル名のみ記載されている個所があるがご了承いただきたい）。

P.010「教材データのダウンロードについて」を参照し、あらかじめ教材データをダウンロードしておく。

 サンプルデータ
2-6-1.skp

 ここまでのデータ
3-1-45.skp

 ここから始める
3-2.skp

 ここで使用するデータ
5-2-1.skp

Hint

操作を進めていくうえでの注意点や操作のコツ、応用テクニックなどは、随時「Hint」として紹介している。ただし、SketchUp for Webのバージョンアップなどによって内容が変更になるかもしれないことを予めご了承いただきたい。

> **Hint　分度器マークの方向を変更する**
>
> 分度器マークの方向を変更するには、原点を指定するときにマウスボタンを押しながらマウスを移動し、分度器の方向を回転したい方向に変更してからマウスボタンを放す。

表記と凡例について

SketchUp for Webの操作を解説するにあたり、本書では原則的に以下のような表記に準じている。

メニュー名やツール名、パネル名、ボタン名

SketchUp for Webを操作する際に表示されるメニューやコマンド、ツール、パネル、ダイアログボックスの名称、ダイアログボックス内に表示されている固有の名称は、すべて［　］でくくって表記する。なお、ツールパレットやダイアログボックスのアイコン、ボタンの名称は、それらにカーソルを合わせた際に表示される名称に準じている。

例：［線］ツールを選択する。

サブメニュー

メニュー内にコマンド名やサブコマンドがある場合、ダイアログボックス内に階層がある場合は、「—」でつないで表記する。

例：［面を交差］—［モデルと交差］を選択する。

文字・数字入力／キーボードのキー

任意の数字や文字を入力する場合は、「　」で括って表記する。また、キーボードのキーの名称は白黒反転の囲み文字で表記する。

例：キーボードから「100」と入力して Enter キーを押す。

推定点／推定方向

推定点／推定方向（**P.041**参照）については、囲み文字で表記する。

例： 中点 と表示される位置をクリックする。

マウスの操作

マウス操作について解説する際の用語とその意味は、表のとおり。

用語	意味
クリック	マウスの左ボタンを1回押し、すぐ放す動作
ダブルクリック	「クリック」操作を素早く2回繰り返す動作
トリプルクリック	「クリック」操作を素早く3回繰り返す動作
移動	マウスのボタンに触れずにマウスを動かし、画面上のカーソルを移動する動作
ドラッグ	マウスの左ボタンを押したままマウスを動かし、左ボタンを放す動作。「ドラッグ&ドロップ」と同義
右クリック	マウスの右ボタンを1回押し、すぐ放す動作。 特定の位置で右クリックすると、コンテキストメニューが表示される
カーソル	画面上でマウスの位置を示すマークのこと。ポインタと同義

マウスの操作の図示

マウス操作を図に示す場合は、次のように表す。

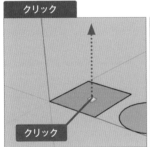

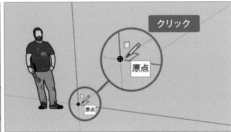

クリックする位置は赤の引き出し線、または赤い円や長方形で囲んで示す。ダブルクリック、トリプルクリック、右クリックについても同様

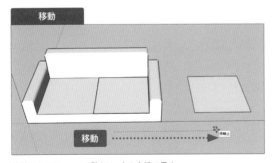

移動によるカーソルの動きは、赤の点線で示す

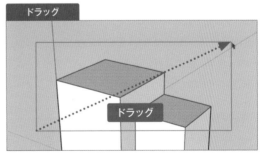

ドラッグによるカーソルの動きは、赤の点線で示す

キーボードからの入力操作

「キーボードから「1000,250」と入力する」というように、数字や記号、アルファベットを入力し、その値を画面右下の［測定ツールバー］に反映する場合は、原則としてテンキーから入力するか、キーボードの入力モードを「半角英数」に切り替えて行う。入力モードが「半角英数」以外の場合、本書の記述どおりの結果が得られない場合がある。

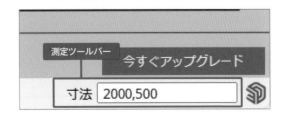

教材データのダウンロードについて

本書を使用するにあたって、解説で使用する教材データをインターネットからダウンロードする必要がある。

● Webブラウザ（Microsoft Edge、Internet Explorer、Google Chrome、FireFox）を起動し、下記のURLのWebページにアクセスしてください。

https://www.xknowledge.co.jp/support/9784767833033

● 図のような本書の「サポート＆ダウンロード」ページが表示されたら、記載されている注意事項を必ずお読みになり、ご了承いただいたうえで、教材データをダウンロードしてください。

● 教材データはZIP形式で圧縮されています。ダウンロード後は解凍（展開）して、デスクトップなどわかりやすい場所に移動してご使用ください。

● 本書各記事内には、使用するデータのファイル名を記載しています。教材データの中から該当するファイルを探してご使用ください。

● 教材データは、SketchUp for Webが動作する環境で使用できます。

● 教材データに含まれるファイルやプログラムなどを利用したことによるいかなる損害に対しても、データ提供者（開発元・販売元等）、著作権者、ならびに株式会社エクスナレッジでは、一切の責任を負いかねます。

● 動作条件を満たしていても、ご使用のコンピュータの環境によっては動作しない場合や、インストールできない場合があります。予めご了承ください。

教材データのフォルダ構成

解凍（展開）後の教材データのフォルダ構成は、以下のようになっている。章ごとにフォルダ分けされており、その中にその章で使用する練習用や参考用のファイルが収録されている。

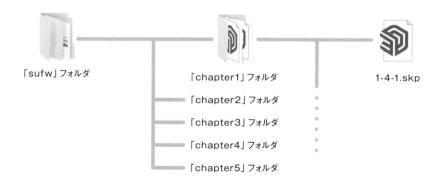

「sufw」フォルダ

「chapter1」フォルダ
「chapter2」フォルダ
「chapter3」フォルダ
「chapter4」フォルダ
「chapter5」フォルダ

1-4-1.skp

SketchUp for Webを使うための準備

3Dモデリングを始める前に

以前から、直感的な操作で簡単に3Dモデルを
作成できることで定評のあった「SketchUp」。
そのWebアプリケーションが「SketchUp for Web」です。
使用するためのプランとして無償の「SketchUp Free」や、
より高機能な「SketchUp Go」
「SketchUp Pro」などが用意されています。
本章では、SketchUp for Webの
基本的な操作やインターフェースについて解説します。

Section 1-1 SketchUp for Webとは

はじめに、「SketchUp for Web」の概略のほか、動作環境などについて解説する。ここに掲載している内容は2024年5月時点の情報なので、これ以降に変更される可能性もある。最新情報については、開発元であるTrimble社のWebサイト（https://www.sketchup.com/）などで確認していただきたい。

1-1-1 SketchUp for Webではどんなことができるのか

「SketchUp」は、米Trimble社が提供する3次元モデリングソフトウェアで、プロダクトデザインから建築まで幅広い分野で用いられている。直感的な操作が特徴で、3次元ソフトウェアに慣れ親しんでいない人でも使いやすいソフトとして定評がある。なお、SketchUpには、Webブラウザで動作する「SketchUp for Web（Web用SketchUp）」と、パソコンにインストールする「SketchUp for Desktop（デスクトップ用SketchUp）」の2種類がある（次ページ参照）。

モデリング機能

［線］／［長方形］／［円］ツールといった基本ツールのほか、引っ張る／押し込むという直感的な操作で簡単に3次元を表現できる［プッシュ/プル］ツール、軌跡に沿って立体を作成できる［フォローミー］ツールなどSketchUp独自の機能が含まれる。

マテリアル機能

作成したモデルの面に、例えば、木目やレンガなどのマテリアルを貼り付けることで、素材の質感を表現できる。

スタイル機能

作成したモデルを、例えば水彩画風にしたり、線をマーカーのようなタッチにしたり、さまざまな表現方法に切り替えられる。

アニメーション機能

画面の表示状態を［シーン］として保存でき、［シーン］から別の［シーン］へ切り替わる間を自動的に補完し、アニメーションとして表現できる。また、複数の［シーン］を連続して切り替えるといった方法でアニメーション表示が可能。

3D Warehouse

SketchUpのモデルが豊富に揃っている「3D Warehouse」というWebサイトで、キーワード検索して必要な素材を無料でダウンロードできる。素材は、SketchUpから直接3D Warehouse内を検索してインポートできる。

断面平面機能

［断面平面］ツールを利用すると、作成したモデルを好きな個所で断面表示できる。断面平面を移動することで、任意の位置の断面を表示可能。

1-1-2 SketchUp for Webの動作環境

SketchUp for Webは、Webブラウザで動作するが、できるだけ快適に作業するには以下の動作環境を満たす必要がある。

	最小動作環境	推奨動作環境
CPU	2.1GHzのインテルプロセッサ	2.8GHzのインテルプロセッサ
メモリ	4GB以上	8GB以上
ハードディスク	700MB以上の空き容量	1GB以上の空き容量
ビデオカード	512MB以上のビデオメモリを搭載したグラフィックスカード	2GB以上のビデオメモリを搭載したグラフィックスカード
Webブラウザ	Microsoft Edge、Google Chrome、FireFox、Safari	Microsoft Edge、Google Chrome、FireFox

1-1-3　SketchUp for Webのサブスクリプションプランについて

SketchUpには、Webブラウザで動作するSketchUp for Web（Web用SketchUp）と、パソコンにインストールするSketchUp for Desktop（デスクトップ用SketchUp）の2種類がある。さらに、本書で解説するSketchUp for Webを使用するサブスクリプションのプランには、有償版の「SketchUpGo」「SketchUp Pro」「SketchUp Studio」と、無償版の「SketchUp Free」の4種類がある。この4種類のプランの主な違いを以下の表にまとめた。

プラン名			SketchUp Free	SketchUp Go	SketchUp Pro	SketchUp Studio
価格			無償	有償＊		
SketchUp for Web の機能	扱える ファイル 形式	インポート	SKP/STL/ PNG/JPG	SKP/STL/PNG/JPG/3DS/DAE/DEM/DWG/ DXF/KMZ		
		エクスポート	SKP/STL/ PNG/PDF	SKP/STL/PNG/3DS/DAE/DWG/DXF/KMZ/ OBJ/VRML/XSL/PDF		
	高度なソリッドツールの使用		×	○		
	カスタムマテリアルの使用		×	○		
	カスタムスタイルの使用		×	○		
デスクトップ用SketchUp Proの使用			×		○	
商用利用			×	○		
クラウドストレージ			10GBまで	無制限		

＊注：価格や各プランの詳細については、株式会社アルファコックスのWebサイト（https://www.alphacox.com/company/subscription/）で確認のこと

 注意

● SketchUp Freeの商用利用は禁止されています。商用利用の場合は、有償版の「SketchUp Go」もしくは「SketchUp Pro」「SketchUp Studio」を使用しなければなりません。

● SketchUp Freeは、サポートを受けることができません。営利目的の範囲など、「SketchUp Free」についての質問は、株式会社エクスナレッジおよび株式会社アルファコックスでは一切受けておりません。

● 「SketchUp Go」「SketchUp Pro」「SketchUp Studio」の購入については、株式会社アルファコックスのWebサイト（https://www.alphacox.com/sketchup/）で確認してください。

Section 1-2 SketchUp for Webを使うための準備

前節で解説した通り、SketchUp for Web（以下、SketchUp）はWebブラウザ上で利用するアプリケーションで、利用するためにはTrimbleアカウントへの登録とサインインが必要となる。ここでは、無償版のSketchUp Freeの使用を前提としたTrimbleアカウントへの登録方法と、SketchUpを使う前に知っておくべき起動／終了方法、ファイル操作について解説する。

1-2-1 Trimble IDを作成してSketchUpを起動する

1 Webブラウザ（対応Webブラウザは**P.012**参照）を起動し、下記のWebサイトにアクセスする。[Cookie設定]画面が表示された場合には［すべてのCookieを受け入れる］をクリックする。

● **SketchUpのWebサイト**
https://www.sketchup.com/

SketchUpのWebページが表示されるので、右上にある人型のマークをクリックする。

Hint　英語ページが表示された場合の対処法

上記のURLにアクセスすると、Webブラウザの設定などによって英語ページが表示される場合がある。その場合は、ページ右上の ⊕ [English] をクリックし、表示されるメニューから［日本語（Japanese）］を選択して［OK］をクリックすると、日本語ページが表示される。

---

2 画面の右側に［サインイン］か［アカウントの作成］かを選択するパネルが表示されるので、［サインイン］をクリックする。「英語のページを翻訳しますか？」というダイアログが表示される場合には右上の「×」をクリックして閉じる。

3 [サインイン] 画面に切り替わる。ここでも [Cookie設定] 画面が表示された場合には [すべてのCookieを受け入れる] をクリックする。[Trimble ID を作成] をクリックする。次の画面で [地域を選択してください] の [どこでも] を選択し、[次へ] をクリックする。

4 [Trimble ID を作成]画面に切り替わる。名(ファーストネーム) と姓 (ラストネーム)、メールアドレスを入力し、「利用規約、プライバシー通知に同意します」にチェックを入れ、[同意して続ける] をクリックする。

5 [身元を確認する] 画面に切り替わる。入力したメールアドレス宛に6桁の数字(認証コード) が送信されてくるので、この6桁の数字を画面の [認証コード] 欄に入力する。

6 ［こんにちは○○○○○さん］画面に切り替わる。
［新しいパスワード］欄に任意のパスワードを入力する。パスワードは8文字以上で、数字とアルファベットの大文字と小文字のどちらも使用し、さらに特殊文字「!@#$%^&*_+-=」の中から1文字を必ず使用しなければならない。
［パスワードの確認］欄に同じパスワードを入力し、［送信］をクリックする。

7 ［アカウント詳細設定］画面に切り替わる。
［国または地域］のメニューから［Japan］を選び、［タイムゾーン］と［言語］が正しいことを確認し、［次へ］をクリックする。

8 ［アカウントにセキュリティをもう一段階追加しますか？］画面に切り替わる。
セキュリティレベルを上げたい場合は、［私も仲間に入れてください］をクリックする。
セキュリティレベルを上げない場合は、［後でMFAを有効にします］をクリックする。
手順 3 で入力したメールアドレスに［お客さまのTrimble Identityアカウントが作成されました］というメールが届き、Trimbleアカウントの登録が完了する。

9 SketchUpのWebページが表示されるので、[無料トライアルを開始]をクリックする。SketchUp for Webが起動する。初回起動時は、[開始する前に]ダイアログ画面が表示される。文章中のリンク部分をクリックして、利用規約やプライバシーポリシーなどを確認し、承諾したら[同意します。開始します。]にチェックを入れて[OK]をクリックする。

 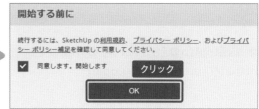

10 [SketchUpへようこそ！]画面が表示される。[モデルの作成を開始してください]をクリックすると、SketchUp（無償版の「SketchUp Free」）が使えるようになる。

Hint **SketchUpを購入する**

SketchUpの有償版「SketchUp Go」「SketchUp Pro」などを購入する場合は、株式会社アルファコックスのWebサイト（https://www.alphacox.com/sketchup/）にアクセスし、プランや購入方法などを確認することをお勧めする。

1-2-2　SketchUp を起動する（2回目以降）

1 Web ブラウザ（対応Web ブラウザは **P.012**参照）
を起動し、下記の Web サイトにアクセスする。

● **SketchUpの［サインイン］のWebサイト**
https://app.sketchup.com/

［サインイン］画面が表示されるので、メールアドレスを
入力して［次へ］をクリックする。

2 パスワード入力画面に切り替わる。パスワードを
入力し、［サインイン］をクリックする。

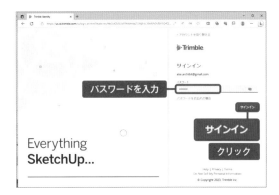

3 SketchUpが起動し、[ホーム]画面が表示される。

Hint　英語ページが表示された場合の対処法

Webブラウザの設定などにより［ホーム］画面の英語ページが表示されることがある。そうした場合はURLの末尾を下
記のように「en」から「jp」に書き換えると、日本語ページが表示される。

https://app.sketchup.com/app?hl=en
↓
https://app.sketchup.com/app?hl=jp

1-2-3 SketchUpを終了する

1 SketchUpを終了するときは、Webブラウザのタブの [×（閉じる）]、またはWebブラウザの [×（閉じる）] をクリックする。

2 メニューバーに [保存] と青色で表示されているときは、ファイルに加えた変更内容がまだ保存されていない状態である。この状態で [×（閉じる）] ボタンをクリックすると、右図のようなメッセージが表示される。保存しないで終了する場合は、[移動] をクリックする。保存してから終了する場合は、**1-2-7**の手順でファイルを保存する（**P.022**参照）。

1-2-4 SketchUpのファイルの仕組み

SketchUpで作成したファイルは、「Trimble Connect」（**P.078**参照）というオンラインストレージに保存される。そのため、インターネットに接続しているパソコンがあれば、どこでも保存したファイルを開いたり編集したりできる。ただし、ほかの人にファイルを渡す場合は、SKP形式のファイルとしてパソコンに保存（[ダウンロード]）する必要がある。また、ほかの人から受け取ったSKPファイルは [モデルを追加] で読み込む。モデルをプリンタで印刷する場合は、メニューバーの 目 [モデル/環境設定を開く] ― [印刷] でPDFファイルを書き出して、パソコンから印刷を行う。

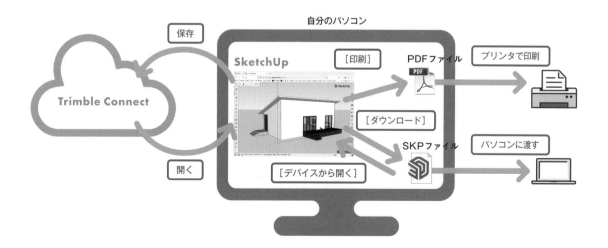

1-2-5 新規ファイルを作成する

1 ［ホーム］画面（**P.017**）で新規ファイルを作成する場合は、［新規作成］ボタン右の［—］をクリックし、表示されるメニューから単位（ここでは［10進数 - ミリメートル］）を選択する。

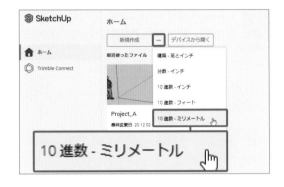

ファイルを開いている状態から新規ファイルを作成する場合は、メニューバーの［モデル/環境設定を開く］をクリックし、表示されるメニューから［新規］を選択する。
このときの単位は、前回ファイルを新規作成した際に選択した単位になる。

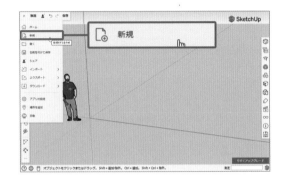

2 無題の新規ファイルが作成される。

Hint ファイルの単位を確認する

使用しているファイルの単位は、パネルバーの ⓘ ［モデル情報］を選択し、表示される［モデル情報］パネルの［長さの単位］で確認できる。左図は［分数 - インチ］、右図は［10進数 - ミリメートル］。

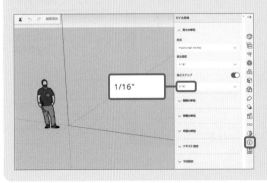
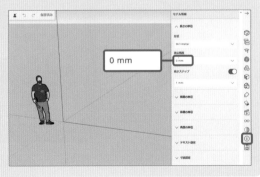

1-2-6 インターネット（Trimble Connect）に保存されたファイルを開く

1 メニューバーの ≡ ［モデル/環境設定を開く］を クリックし、表示されるメニューから［ホーム］ を選択する。

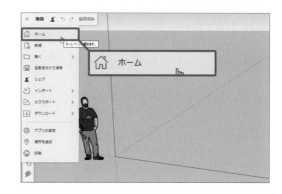

2 ［ホーム］画面が表示される。左のリストから［Trimble Connect］をクリックすると、右側にインターネット（Trimble Connect）に保存されたフォルダが表示される。
ファイルが保存されているフォルダ（ここではSketchUp）をクリックする。

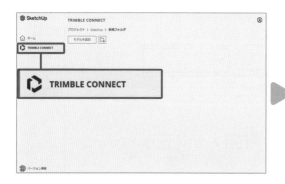
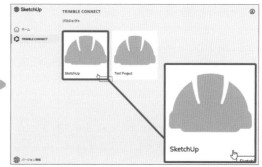

3 Trimble Connectのフォルダ内に保存されてい るファイルがサムネイル画像とともに表示され る。目的のファイルをクリックするとファイルが開く。

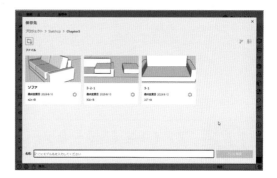

1-2-7 ファイルに名前を付けてインターネットに保存する

1 メニューバーの▤［モデル/環境設定を開く］を
クリックし、表示されるメニューから［名前を付
けて保存］を選択する。

2 ［保存先］ダイアログが表示される。保存先のフォ
ルダ（ここでは「新規フォルダ」）を選択し、名前
（ここでは「Test」）を入力して、［ここに保存］をクリッ
クする。

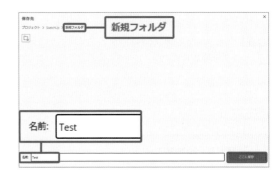

3 ファイルがTrimble Connectに保存され、メニュー
バーにファイル名（ここでは「Test」）と［保存
済み］が表示される。

1-2-8 ファイルをインターネットに上書き保存する

1 ファイル内容に変更が加えられると、メニュー
バーの右端に［保存］と表示される。［保存］を
クリックすると、Trimble Connectに上書き保存される。

Hint 自動保存

名前を付けたファイルは、5分ごとで自動的に上書き保
存される。自動保存のオン/オフ、時間などの設定は、
メニューバーの▤［モデル/環境設定を開く］―［ア
プリの設定］―［全般］―［自動保存］で設定で行える。

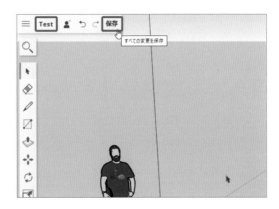

1-2-9　インターネットに保存されたファイルを削除する

1 メニューバーの ☰ [モデル/環境設定を開く] をクリックし、表示されるメニューから [ホーム] を選択する。
[ホーム] 画面が表示される。左のリストから [Trimble Connect] を選択し、削除するファイルが保存されてい
るフォルダを選択すると、Trimble Connectに保存されているファイルが表示される。

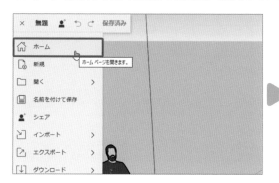
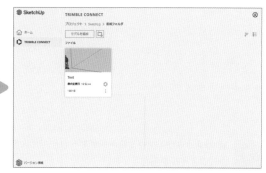

2 削除するファイルの [⋮] をクリックし、表示され
るメニューから [削除] を選択する。

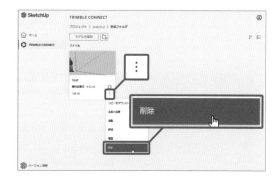

3 ファイルの削除を確認するメッセージが表示され
るので [はい] をクリックする。

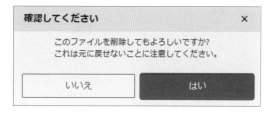

4 Trimble Connectからファイルが削除される。

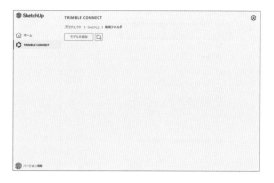

1-2-10 SKPファイルとしてパソコンに保存（ダウンロード）する

1 メニューバーの ≡ ［モデル/環境設定を開く］を
クリックし、表示されるメニューから［ダウンロー
ド］－［SKP］を選択する。

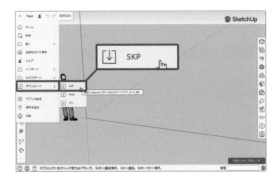

2 Webブラウザでダウンロードが実行され、パソコ
ンにファイルが保存される。

Hint ダウンロードしたファイルの保存場所

Webブラウザでダウンロードしたファイルは、初期設定
ではWindowsの「ダウンロード」フォルダに保存される。
「ダウンロード」フォルダの中身は、Windows 10やWi
ndows11ではエクスプローラーで［クイックアクセス］

の［ダウンロード］を選択すると表示される。ダウンロー
ドファイルの保存先は、Webブラウザの設定で確認／
変更が可能だ（図は、Microsoft Edgeのダウンロード
場所の設定の画面）。

設定

- 設定の検索
- プロファイル
- プライバシー、検索、サービス
- 外観
- サイドバー
- ［スタート］、［ホーム］、および［新規］タブ
- 共有、コピーして貼り付け
- Cookie とサイトのアクセス許可
- 既定のブラウザー
- **ダウンロード**
- ファミリー セーフティ
- 言語
- プリンター
- システムとパフォーマンス
- 設定のリセット
- スマートフォンとその他のデバイス
- アクセシビリティ
- Microsoft Edge について

ダウンロード

場所 変更
C:¥Users¥archibit22¥Downloads

ダウンロード時の動作を毎回確認する
ファイルを保存するか、保存せずに開くかを常に尋ねる

ダウンロード場所を変更できる

Office ファイルをブラウザーで開く
この設定をオンにすると、Office ファイル（プレゼンテーション、スプレッドシート、ドキュメント）がデバイスにダウンロードされる代わりに、Microsoft Edge で自動的に
開きます

ダウンロードの開始時にダウンロード メニューを表示
この設定を無効にすると、ファイルのダウンロードがいつ開始されるかを知るのが難しくなる可能性があります

1-2-11 パソコンに保存されたSKPファイルを開く

1 ［ホーム］画面を表示し、［デバイスから開く］を
クリックする。

2 表示される［開く］ダイアログで、読み込むファ
イル（ここではダウンロードフォルダに保存され
ている「ソファ.skp」）を選択して［開く］をクリックする。

3 ファイルが開く。
画面左に［一時ファイルを表示しています］とメッ
セージが表示される。これは、この時点ではインターネッ
トに保存されていないことを表している。
［保存］をクリックし、ファイルをTrimble Connectに保
存すると、このメッセージは消える。

Section
1-3 SketchUpのインターフェース

ここでは、SketchUpのインターフェースの各部名称、ツールやパネルの表示方法や名称などについて解説する。

1-3-1 インターフェースの各部名称

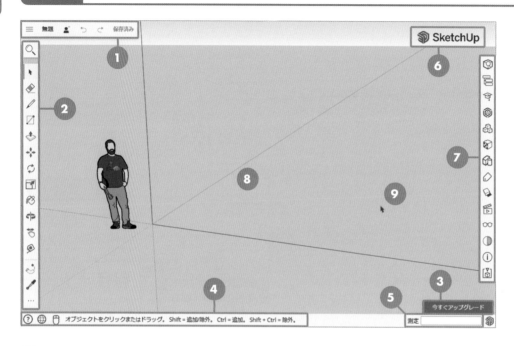

① メニューバー

[モデル/環境設定を開く][現在のモデルのファイル操作]などのボタンが配置されている。また、現在開いているファイル名と、ファイルの保存状態が表示される。

② ツールバー

🔺[選択] や 🔻[プッシュ/プル] などのツールを選択するボタンが配置されている。

③ [今すぐアップグレード]

無償版のSketchUp Freeで表示される。クリックすると、有償版（SketchUp Go、SketchUp Pro、SketchUp Studio）のプランへの案内ページに移動する。SketchUp Freeで非表示にはできない。

④ ステータスバー

右から [ヘルプ][言語選択][入力デバイス選択] ツールが配置され、その右に選択したツールのヒントが表示される。

⑤ 測定ツールバー

モデルの作成中、寸法の値が表示される。また、操作が完

了する前後にキーボードから任意の数値や特定の文字を入力して **Enter** キーを押すと、数値や文字が反映され、数値指定によるモデルの作成／編集が可能となる。

⑥ SketchUp透かし

印刷時も表示される。非表示にすることはできない。

⑦ パネルバー

[エンティティ情報] や [コンポーネント] などのパネルを表示するボタンが配置されている。

⑧ 描画領域

モデル作成を行う領域。3D空間を把握しやすいように、X軸（赤軸）、Y軸（緑軸）、Z軸（青軸）がそれぞれ示されている。また、使用するテンプレート（ひな形）によっては、作成するモデルのスケールを把握しやすいように、初期状態で人物のモデルが配置されている場合がある。

⑨ カーソル

モデル作成中のカーソルには、軸方向や推定機能の推定点（**P.041**参照）などが表示される。

⑩ コンテキストメニュー

エンティティ（線や面などの要素）や軸を右クリックする
と表示されるメニュー。表示される内容は右クリックした
対象によって異なるが、［消去］や［選択］といった機能
を素早く実行できる。

1-3-2 メニューバー

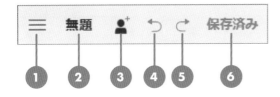

① ［モデル/環境設定を開く］
② 現在開いているファイル名
③ ［シェア］
④ ［元に戻す］
⑤ ［やり直し］
⑥ ［すべての変更を保存］

---

① ［モデル/環境設定を開く］

［モデル/環境設定を開く］をクリックすると、［ホーム］［新
規］［開く］［名前を付けて保存］など、ファイルの操作や
設定に関するメニューが表示される。

❷ 現在開いているファイル名

ファイル名をクリックすると、［ファイル名を入力してください］ダイアログが表示され、ファイル名を変更できる。任意のファイル名を入力し、［OK］をクリックすると、記入したファイル名で保存される。

❸ ［シェア］

［シェア］をクリックすると、［共有］ダイアログが表示される。［オン/オフ］スイッチを［オン］にすると、他のユーザーとファイルを共有するためのリンクアドレス（URL）が生成、表示される。［コピー］をクリックすると、リンクアドレスがコピーされ、メールやテキストエディタなど任意のドキュメントにペーストできる。

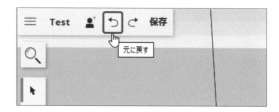

❹ ［元に戻す］

［元に戻す］をクリックすると、直前の操作が取り消される。

❺ ［やり直し］

［やり直し］をクリックすると、取り消した操作をやり直すことができる。

❻ ［すべての変更を保存］

［すべての変更を保存］をクリックすると、変更されたファイルが保存される。変更がないときは［保存済み］と表示される。

1-3-3　ツールバー

● ツールバーの使い方

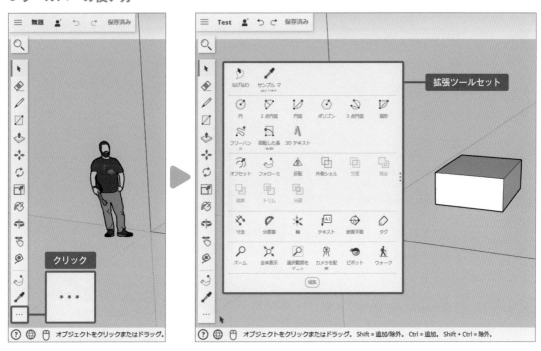

ツールバーには使用頻度の多いツールがまとめられている。

ツールバーの最下端にある […] をクリックすると、ツールバーに表示されているもの以外のツールが集約された拡張ツールセットが表示される。

● ツールバーのカスタマイズ

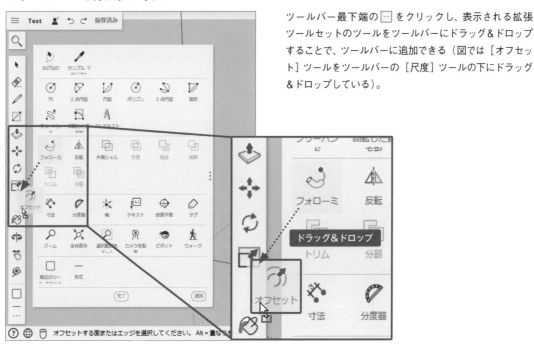

ツールバー最下端の […] をクリックし、表示される拡張ツールセットのツールをツールバーにドラッグ＆ドロップすることで、ツールバーに追加できる（図では［オフセット］ツールをツールバーの［尺度］ツールの下にドラッグ＆ドロップしている）。

● ツールバーの各ツールの名称

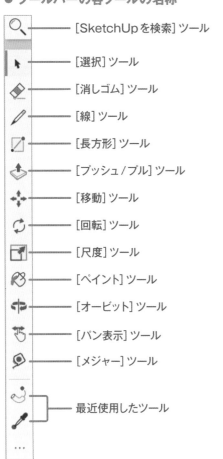

[SketchUpを検索] ツール

[選択] ツール

[消しゴム] ツール

[線] ツール

[長方形] ツール

[プッシュ / プル] ツール

[移動] ツール

[回転] ツール

[尺度] ツール

[ペイント] ツール

[オービット] ツール

[パン表示] ツール

[メジャー] ツール

最近使用したツール

Hint [SketchUpを検索] の使い方

[SketchUpを検索] をクリックすると、検索窓が表示される。検索窓にキーワードを入力し、Enter キーを押すと、検索結果が表示され、結果から設定の変更やショートカットの設定（**P.183**参照）、簡単な解説が表示される。
各ツールの使用方法などは [インストラクタ] パネル（**P.182**参照）で確認できる。

● 拡張ツールセット

拡張ツールセットには、ツールバーに標準で表示されているツール以外のツールがまとめて表示される。使用頻度の高いツールは、ツールバーに追加（**P.029**参照）し、常に表示させるようにすると作業効率がよい。
また、薄く表示されている[交差][結合]などのツールは、有償プランを購入（**P.017**参照）することで有効（使用可能）となる。

拡張ツールセット一覧：

なげなわ	サンプル マ ニ リ アル
円	2 点円弧	円弧	ポリゴン	3 点円弧	扇形
フリーハン に	回転した長 七形	3D テキスト
オフセット	フォローミ	反転	外側シェル	交差	結合
減算	トリム	分割
寸法	分度器	軸	テキスト	断面平面	タグ
ズーム	全体表示	選択範囲を ズーム	カメラを配置	ピボット	ウォーク

（編集）

1-3-4 パネルバー

● パネルバーの各パネルボタンの名称

- [エンティティ情報]
- [アウトライン表示]
  （SketchUp Freeでは使用できない）
- [インストラクタ]
- [3D Warehouse]
- [コンポーネント]
- [マテリアル]
- [スタイル]
- [タグ]
- [影]
- [シーン]
- [表示]
- [ソフトニング/スムージング]
- [モデル情報]
- [ソリッドインスペクタ]
  （SketchUp Freeでは使用できない）

● パネルの開き方

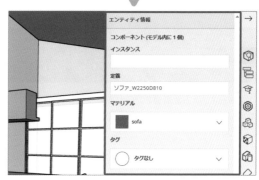

各パネルボタン（ここでは［エンティティ情報]) をクリックすると、それぞれのパネルが開く。パネルを閉じるには、パネルタイトル部分にカーソルを合わせ、右端に表示される［×］ボタンをクリックする。

パネルバーの一番上部にある［→］をクリックすると、すべてのパネルが閉じる。

● 各パネルの概要

[エンティティ情報]パネル

選択しているエンティティ（面や線などの要素）のマテリアルやタグなどの情報が表示される。エンティティの表示／非表示や、影の投影などの設定も行える。

[インストラクタ]パネル

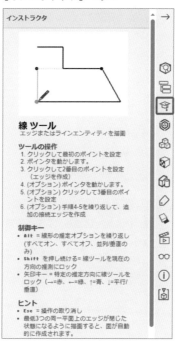

現在実行しているツールの使い方が表示される。

[3D Warehouse] パネル

インターネット上で素材を提供しているWebサイト「3D Warehouse」(**P.163** 参照)の画像が表示され、部品やモデルを検索して描画領域に挿入できる。

[コンポーネント] パネル

モデル内にあるコンポーネントの一覧が表示される。

[マテリアル] パネル

モデルに対し、色や素材の質感などの「マテリアル」の設定を行う。

[スタイル] パネル

モデルの線やマテリアルの表示方法、背景色を設定し、保存や管理を行う。

[タグ] パネル

タグの表示／非表示などの管理を行う。

[影] パネル

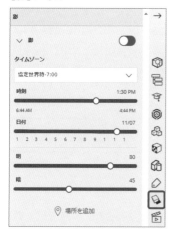

影のオン／オフや影の日時、明暗の設定を行う。

[シーン] パネル

[平行投影] [遠近法] [2点透視法] の切り替えや、前後上下左右などからの視点の切り替えを行う。視点の保存と呼び出しの管理も行える。

[表示] パネル

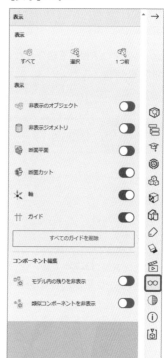

軸や断面平面などの表示／非表示の切り替えや、影やフォグの設定を行う。

[ソフトニング/スムージング] パネル

隣接する面を滑らかな曲面状にする設定を行う。

[モデル情報] パネル

単位や表示桁数、寸法の設定を行う。

画面操作と推定機能（スナップ）

ツールとマウス操作を組み合わせたSketchUpならではの画面操作と、正確で素早い操作をサポートする便利な推定機能（スナップ）について解説する。

1-4-1 画面操作

サンプルデータ
1-4-1.skp

● 🔍 [ズーム] ツールで拡大／縮小する

拡張ツールセットから🔍 [ズーム] ツールを選択し、上下にドラッグすると拡大／縮小が行える。描画領域上で上方向にドラッグすると画面の中心を基点に拡大し、下方向にドラッグすると縮小する。

ホイールボタンを装備したマウスの場合は、🔍 [ズーム] ツールを選択しなくても、マウスホイールを前に回転するとカーソルを基点に拡大し、後ろに回転すると縮小する。

前に回転＝拡大

後ろに回転＝縮小

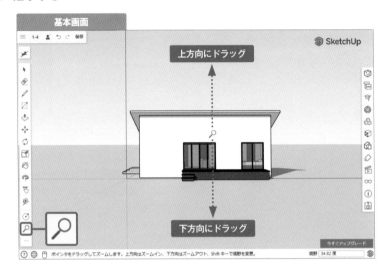

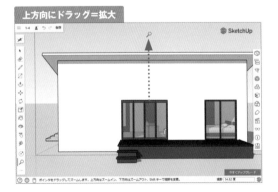

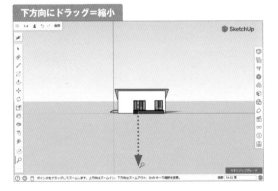

● ⊕[オービット] ツールでアングルを変更する

ツールバーから⊕[オービット]
ツールを選択し、任意の方向にド
ラッグすると、モデルを中心にカ
メラが回転し、アングルを自在に
変更できる。

ホイールボタンを装備したマウ
スの場合は、⊕[オービット]ツー
ルを選択しなくても、ホイールボ
タンを押しながらマウスを動かせ
ば同様の操作が行える。ただし
その場合、コントロールパネルや
マウス専用のソフトウェアで、マ
ウスの設定が「中央ボタン」や「中
クリック］に設定されている必要
がある。

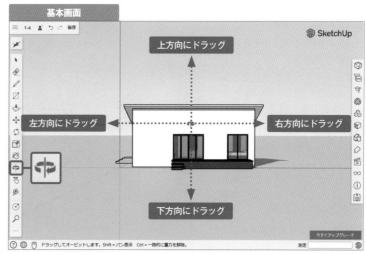

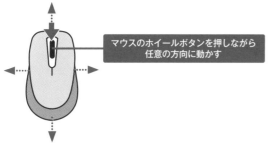

マウスのホイールボタンを押しながら
任意の方向に動かす

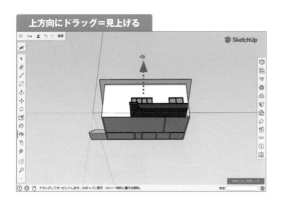

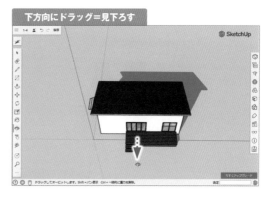

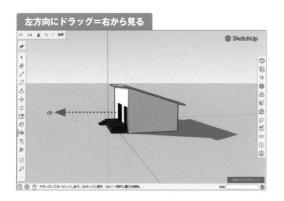

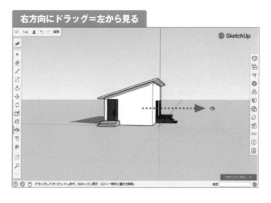

● [パン表示] ツールで垂直／平行に移動する

ツールバーから [パン表示]
ツールを選択し、任意の方向にド
ラッグすると、モデルが垂直／平
行に移動する。
ホイールボタンを装備したマウ
スの場合は、 [パン表示] ツー
ルを選択しなくても、 Shift
キーとホイールボタンを押しな
がらマウスを動かせば同様の操
作が行える。ただしその場合、コ
ントロールパネルやマウス専用
のソフトウェアで、マウスの設定
が「中央ボタン」や「中クリック」
に設定されている必要がある。

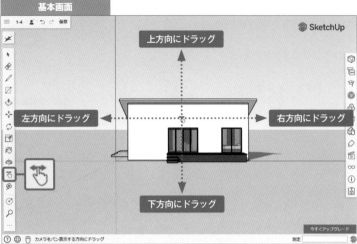

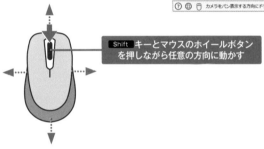

Shift キーとマウスのホイールボタン
を押しながら任意の方向に動かす

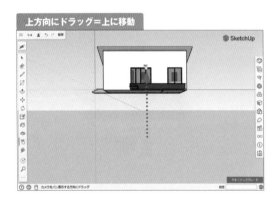

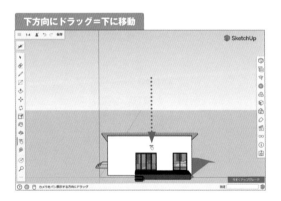

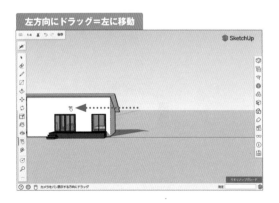

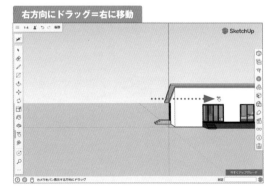

● [シーン] パネルでカメラやビュー、シーンを切り替える

[シーン]パネルでは、遠近法や透視法などの図法（[カメラ]）、前後上下左右などの視点（[標準ビュー]）、登録した場面（[私のシーン]）を切り替えられる。[カメラ][標準ビュー][私のシーン]のそれぞれ左にある ☑ をクリックして展開すると、各設定画面が表示される。

カメラ

[カメラ]では、距離感をつかみやすい ☑ [遠近法]、図面的な見え方になる ◎ [平行投影]、垂直を維持したまま立体的に表示する ⌂ [2点透視法]のいずれかをクリックすることで見た目を切り替えられる。標準ビューと組み合わせて使用することも可能だ。

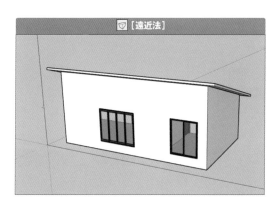

[遠近法]

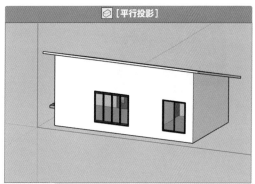

[平行投影]

[2点透視法]

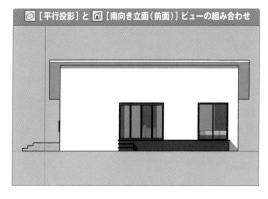

[平行投影] と [南向き立面（前面）] ビューの組み合わせ

［カメラ］の［視野（FOV）］では、表示の視野角を設定する。［視野（FOV）］の値を大きくすると視野が広がり、小さくすると視野が狭くなる。図は、室内モデルで［視野（FOV）］の値の違いを比較した例。

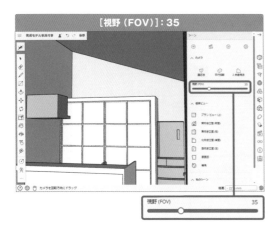

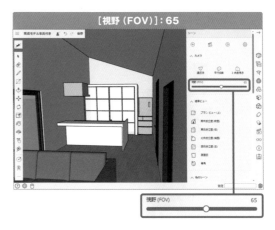

標準ビュー

［標準ビュー］では、前後上下左右、斜め上などから見た視点に切り替えられる。▣［プランビュー（上）］、▣［南向き立面（前面）］、▣［東向き立面（右）］、▣［北向き立面（背面）］、▣［西向き立面（左）］、▣［底面図］、▣［等角］が用意されている。

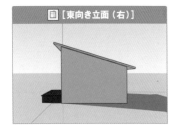

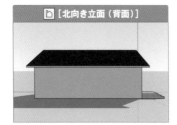

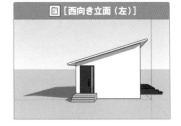

私のシーン

［私のシーン］には、4つのボタンがある。⊕［シーンを追加］ボタンをクリックすると、現在の視点が保存される（**P.194**参照）。▣［アクティブなシーンを更新］ボタンをクリックすると、選択されているシーンが現在の視点として更新される。▣［シーンのアニメーションを再生］ボタンをクリックすると、保存されたシーンが順にアニメーション再生される。▣［アニメーション設定を編集］ボタンをクリックすると、［アニメーション設定］パネルが表示され、移行時間などの設定ができる。

● ⬚ [全体表示] ツールでモデル全体を表示する

拡張ツールセットから ⬚ [全体表示] ツールを選択すると、モデル全体が描画領域いっぱいに大きく表示される。作成したモデルから離れたところに消し忘れたエンティティがないかチェックするときや、細かい部分の作業をしていてズームを繰り返す必要があるときなどに便利だ。

左図のように、細かい部分を拡大して作業しているとき、全体が表示されるようにするにはマウスホイールを何回も回す必要があるが、⬚ [全体表示] ツールを利用すれば瞬時に全体表示に戻る。

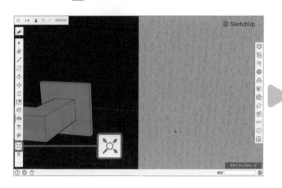

● エンティティの表示／非表示を切り替える

面や線などのエンティティは一時的に非表示にできる。例えばモデルの内部の確認や編集時に、手前のエンティティを非表示にすると作業しやすくなる。ここでは室内を確認できるように屋根を非表示にする。

1 ツールバーから ▶ [選択] ツールを選択し、屋根を右クリックして表示されるコンテキストメニューから [非表示] を選択する。屋根が非表示になり内部が確認できるようになる。

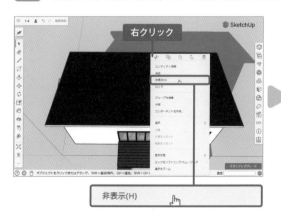

右クリック

非表示(H)

2 非表示にしたエンティティを再表示するには、パネルバーから ∞ [表示] を選択し、表示される [表示] パネルの [表示] ― [すべて] をクリックする。

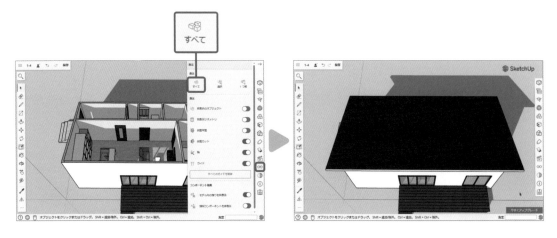

Hint 非表示エンティティを選択可能にする

[表示] パネルの [表示] ― [非表示のオブジェクト] の [オン/オフ] スイッチを [オン] にすると、非表示のエンティティ（ここでは屋根）が格子状に表示されて選択可能となる。この状態で非表示のエンティティを右クリックして表示されるコンテキストメニューから [表示] を選択すると、そのエンティティが表示される。

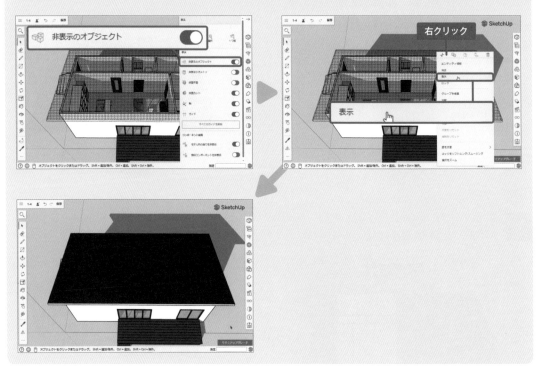

1-4-2 推定機能（スナップ）

サンプルデータ
1-4-2.skp

線の端点や交点などにカーソルを近づけると、吸い付くように自動的に引き寄せられる。これは「推定機能」という（CAD
では「スナップ」とも呼ばれる）正確な作図に欠かせない機能だ。推定機能には、端点や交点などの点を推定する「推定点」
と、カーソルの移動方向を推定する「推定方向」がある。ここでは、主な推定点、推定方向を解説する。

● 端点や中点などを推定する「推定点」

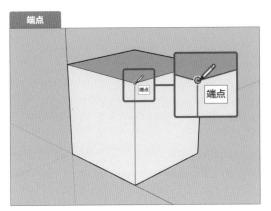

線の端点、円弧の端点、面の頂点。緑色の丸い点で表される。

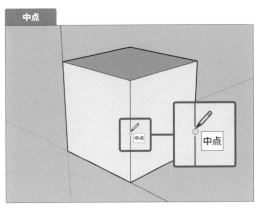

線の中点、円弧の中点。水色の丸い点で表される。

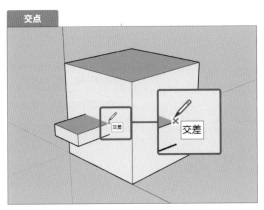

面と面の交点。赤色の×印で表される。

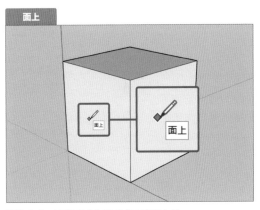

面上の点。青色のひし形の点で表される。

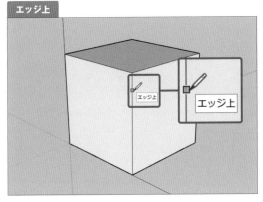

線上の点。赤色の四角い点で表される。

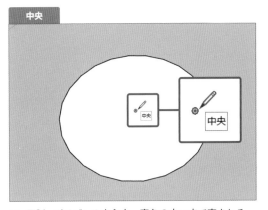

円、円弧、ポリゴンの中心点。青色の丸い点で表される。

半円

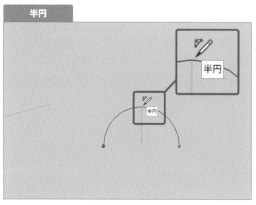

円弧の半円の点。半円弧マークで表される。

● 移動方向を推定する「推定方向」

赤軸上

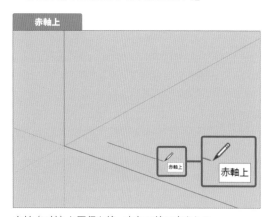

赤軸（X軸）と平行な線。赤色の線で表される。

緑の軸上

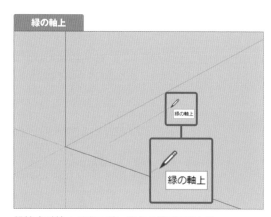

緑軸（Y軸）と平行な線。緑色の線で表される。

青い軸上

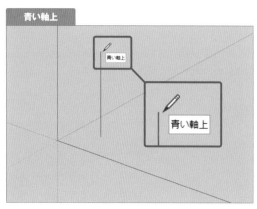

青軸（Z軸）と平行な線。青色の線で表される。

エッジに平行

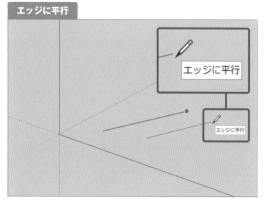

基準となる線と平行な線。ピンク色の線で表される。

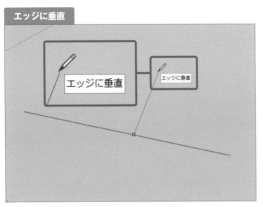

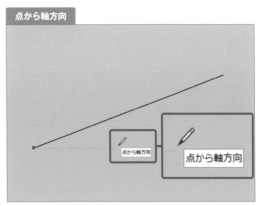

基準となる線に垂直な線。ピンク色の線で表される。 　　　　基準となる点から軸に平行な点。軸の色の点線で表される。

Hint　推定方向をロック（固定）する

推定方向が表示されたときに Shift キーを押すと、推定方向を表す線が太くな
り推定方向にカーソルの移動がロック（固定）される。また、↑ キーを押すと
青軸方向に、← キーを押すと緑軸方向に、→ キーを押すと赤軸方向にカーソ
ルの移動がロックされる。

Hint　［エッジに平行］［エッジに垂直］の基準となる線を指定する

既存の線の平行線や垂直線を作図する際、エッジに平行 や エッジに垂直 などの推定方向を利用すると便利だ。これら
の推定方向を表示させるには、まず基準となる線にカーソルを合わせ、エッジ上 などと推定点を表示させて（クリック
はしない）基準線を指定する。推定点が表示された線を基準として、スムーズに平行線や垂直線が作図できるように
なる。

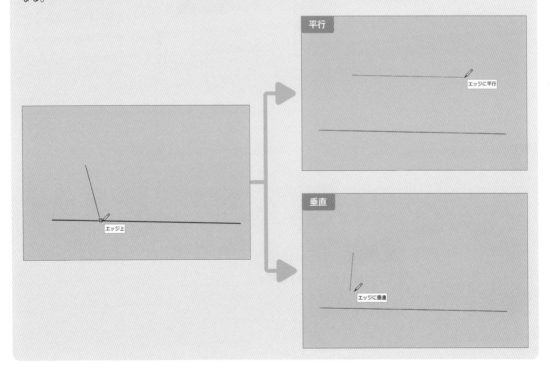

● 推定機能を使って面の中心を見つけ出す

1 ここでは、直方体の正面の中心を基準にして円を作成する例で説明する。

ツールバーから ⊙ [円] ツールを選択し、正面左辺の中点にカーソルを合わせ（クリックしない）、 中点 と表示されることを確認する。

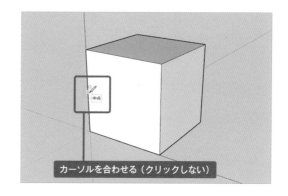

2 正面下辺の中点にカーソルを合わせ（クリックしない）、 中点 と表示されることを確認する。

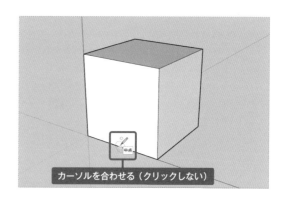

3 カーソルを青軸と平行に上に移動すると、面の中央部、左辺の中点から延びる垂線と交わる点で 点から軸方向 と表示されるのでクリックする。

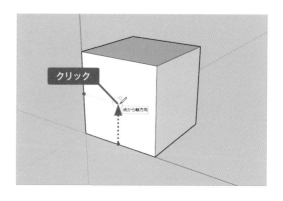

4 カーソルを任意の方向に移動してクリックすると、手順 **3** でクリックした点を中心に円が作成される。

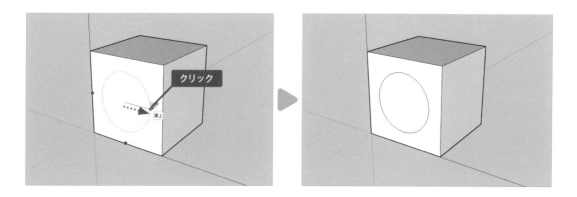

Chapter

2

必須ツールと
基本操作

ツールの基本的操作を覚える

本章では、SketchUp for Webで3Dモデリングを行うために
必須となるツール（機能）と、その操作方法を解説します。
いずれも3Dモデリングを行う際には
必ず使用するといってよいツールです。
特に、面を押す／引くことで立体化する
[プッシュ/プル] ツールはSketchUpの特徴的な機能なので
ぜひ体感してみてください。

▣ [選択]ツールで図形を選択する

サンプルデータ
2-1-1.skp

▣ [選択] ツールは、図形の選択や選択解除を行う。

① クリック（単一選択）

クリックすると、クリックした面や線が選択される。

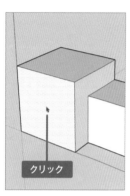
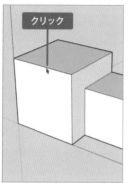

② Ctrl キー＋クリック（追加選択）

Ctrl キーを押しながらクリックすると、面や線が追加選択される。Ctrl キーを押している間、カーソル横に「＋」が表示される。

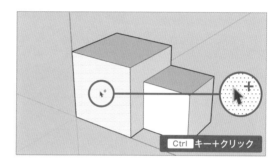

③ Shift ＋ Ctrl キー＋クリック（選択解除）

Shift キーと Ctrl キーを押しながらクリックすると、選択状態にある図形が選択解除される。Shift キーと Ctrl キーを押している間、カーソル横に「－」が表示される。

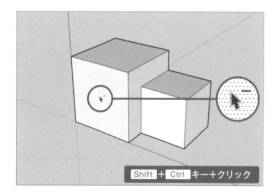

④ Shift キー＋クリック（追加選択／選択解除）

Shift キーを押しながらクリックすると、選択状態にある図形は選択解除され、選択されていない図形は追加選択される。Shift キーを押している間、カーソル横に「±」が表示される。

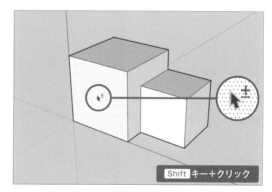

Hint | **図形をすべて選択する／選択をすべて解除する**

Ctrl キーを押しながら A キーを押すと、すべての図形、文字、寸法が選択される。選択を解除するショートカットキーは、初期設定では用意されていない。

⑤ 窓選択

右方向へドラッグをすると、矩形（実線）の枠内に完全に含まれた図形だけが選択される。

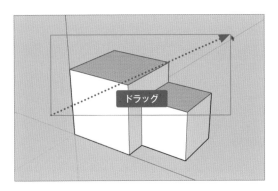

⑥ 交差窓選択

左方向へドラッグをすると、矩形（破線）の枠内に一部でも含まれた図形が選択される。

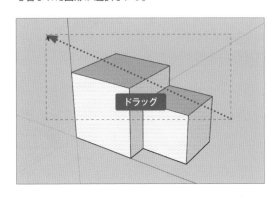

⑦ ダブルクリック

面をダブルクリックすると、その面を囲む線が併せて選択される。線をダブルクリックすると、その線に接している面が併せて選択される。

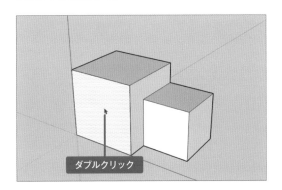

⑧ トリプルクリック

エンティティ（面や線などの要素）をトリプルクリックすると、そのエンティティを含むすべての図形や立体全体が選択される。

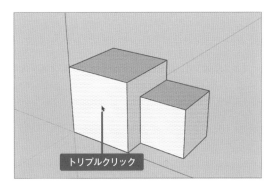

Hint ［なげなわ］ツールで選択する

拡張ツールセット（**P.030**参照）にある ［なげなわ］ツールを選択する。開始点からドラッグして選択したい図形を囲むと、枠内に完全に含まれた図形だけが選択される。

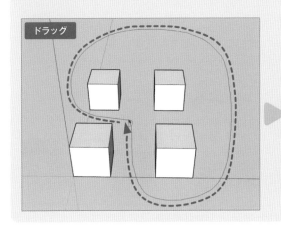

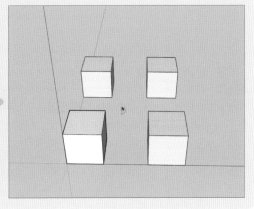

Hint 図形に付随する文字や寸法を選択する

図形に付随する文字や寸法は、ダブルクリックやトリプルクリックしても選択されない。図形と一緒に選択するには、いったん図形を選択した後で Ctrl キーあるいは Shift キーを押しながら文字や寸法をクリックして追加選択する必要がある。

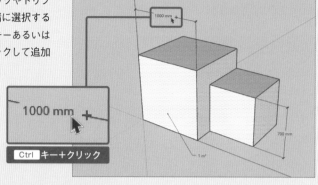

Ctrl キー＋クリック

Hint 面の輪郭線のみを選択する

面の内側にさらに面が存在するとき、内側の面をクリックして選択、Delete キーを押すと、モデルに穴が開いてしまう。

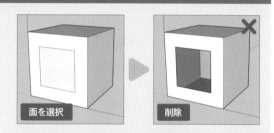

面を選択　　削除

このようなとき、面を構成している輪郭線だけ選択することで穴を開けずに輪郭線のみ削除できる。輪郭線のみを選択して削除するには、次の手順で行う。

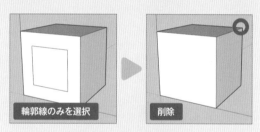

輪郭線のみを選択　　削除

1 長方形をダブルクリックすると、面と輪郭線が選択される。

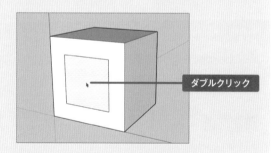

ダブルクリック

2 Shift + Ctrl キーを押しながら長方形の面をクリックして選択解除すると、輪郭線のみが選択された状態になる。この状態で Delete キーを押すと、穴は開かずに輪郭線のみ削除される。

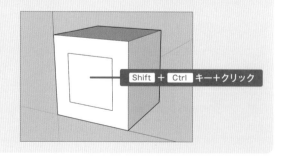

Shift + Ctrl キー＋クリック

測定ツールバーに数値などを入力する

長さ 2000

測定ツールバーにキーボードから入力した文字や数字を反映させることで、数値による正確な作図を行える。ここでは測定ツールバーの基本操作を解説する。

● キーボードから数値などを入力する

画面右下の測定ツールバーへの数値入力は、✎［線］ツールなど特定のツールを選択した状態でのみ、キーボードから行える。測定ツールバーに文字列を反映させて実行できるのは、半角英数字に限られる。全角文字や半角カタカナ文字は、測定ツールバーに入力して Enter キーを押しても、作図には反映されない。

1 ✎［線］ツールを選択し、描画領域の任意の位置をクリックして、カーソルを任意の方向（ここでは右上）に移動する。

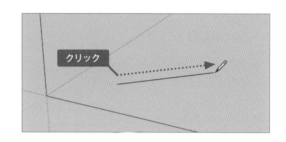

2 キーボードから任意の文字列（ここでは「2000」）を半角英数字で入力すると、測定ツールバーに反映される。

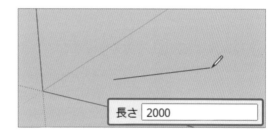

3 Enter キーを押すと、入力した数値（2000㎜）の線分が作成される。Esc キーを押して✎［線］ツールを終了すると、線分が完成する。

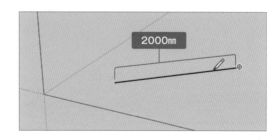

Hint 測定ツールバーへの入力時の注意

測定ツールバーを直接クリックしても、数値などを入力できる状態にはならない。数値などの入力を要求されるときのみ、キーボードから入力が可能となる。

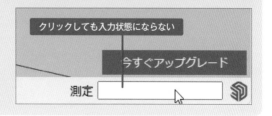

✎ [線]ツールで線を作成する

✎ [線] ツールを使うと、さまざまな方法で線分を作成できる。また、線分で任意の領域を囲むことで面を作成できる。

❶ 2点を指定して線を作成する

図のように、始点をクリック→カーソルを移動→終点をクリックする、もしくは始点から終点までドラッグすることで線を作成できる。前者の操作では、終点が自動的に次の線の始点となるが、後者の操作では始点にならない。前者の操作で、終点を次の線の始点にせず、線をの作成を終了するには Esc キーを押す。

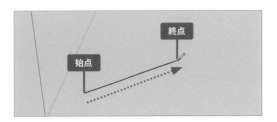

❷ 数値や単位を指定して線を作成する

始点をクリックしてカーソルを任意の方向へ移動し、キーボードから数値を入力して測定ツールバーに反映させ、Enter キーを押すと、始点からカーソルの移動方向へ、指定した数値の長さの線が作成する。数値を入力する際、「m」「cm」「mm」「'（フィート）」「"（インチ）」などの単位を指定できる。単位を指定しない場合は、⑥ [モデル情報] パネルで設定した単位で線が作成される。

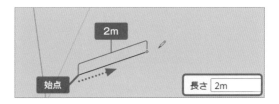

❸ 絶対座標を指定して線を作成する

始点をクリックし、カーソルを任意の方向へ移動して、キーボードから「[赤（X）座標値,緑（Y）座標値,青（Z）座標値]」（数値やカッコ、カンマなどはすべて半角文字）と入力して測定ツールバーに反映させ、Enter キーを押すと、目的の点（2点目）を絶対座標で指定できる。

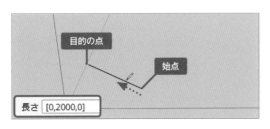

❹ 相対座標を指定して線を作成する

始点をクリックし、カーソルを任意の方向へ移動して、キーボードから「<赤（X）座標値,緑（Y）座標値,青（Z）座標値>」（数値やカッコ、カンマなどはすべて半角文字）と入力して測定ツールバーに反映させ、Enter キーを押すと、目的の点（2点目）を相対座標で指定できる。

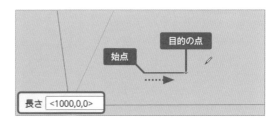

Hint　線の上を別の線でなぞると、既存の線が分割される

同一レイヤー上にある線を✎ [線] ツールで同じ長さでなぞっても、線は1本のままだ。また、別々の場所で作成した、同じ角度、かつ同じ長さの2本の線を移動して重ねても、1つの線分として扱われる。ただし、同じ角度の線でも、長さの異なる線分が重なった場合、または違う長さでなぞった場合には、線分が分割される。

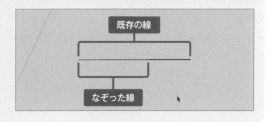

⑤ 面を作成する

同一平面上で線を作成し、任意の領域を囲んで線を閉じると、面が作成される。

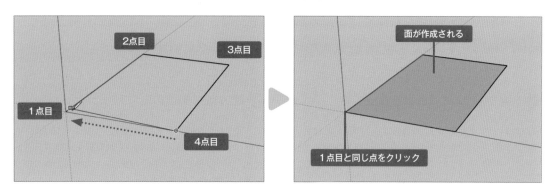

Hint 線が閉じていても、同一平面上に頂点がなければ面は作成されない

左図の図形の場合、線が閉じた状態でも面が作成されていないのは、頂点Ⓐが、青（Z）軸方向の高さを持っているためである。左図の斜め上からの視点ではわかりにくいが、右図のように正面から見ると、高さがあることがわかる。このように、線を閉じて面を作成するには、各頂点が同一平面上にある必要がある。

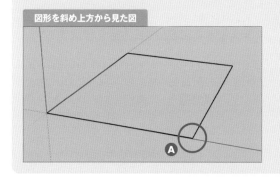

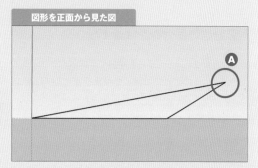

Hint 面を構成する線（辺）を消去すると、同時に面も消去される

面を構成する線（辺）の1つを消去すると、領域を閉じられなくなるため面が消去される。

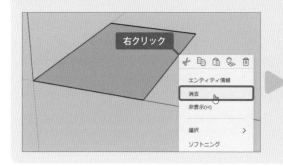

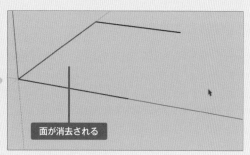

⬚ [長方形]ツールで長方形を作成する

⬚ [長方形] ツールでは、正方形や黄金比の長方形など、さまざまな長方形を作成できる。

❶ 2点を指定して長方形を作成する

図のように、始点をクリック→カーソルを移動→終点をクリックする、もしくは始点から終点までドラッグすることにより、始点と終点を対角線とする長方形を作成できる。

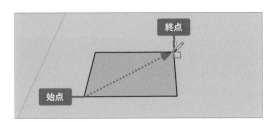

❷ 正方形を作成する

始点をクリックし、カーソルを移動して終点をクリックする際、カーソルの移動に追随して対角線が点線で表示される。カーソル横に 正方形 と表示される位置でクリックすると、正方形を作成できる。

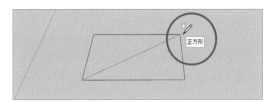

❸ 黄金比の長方形を作成する

始点をクリックし、カーソルを移動して終点をクリックする際、カーソルの移動に追随して対角線が点線で表示される。カーソル横に 黄金分割 と表示される位置でクリックすると、黄金比（1：（1+√5）÷2）の長方形となる。

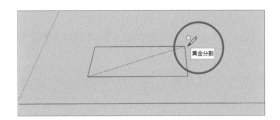

❹ 大きさを指定して長方形を作成する

始点をクリックしてカーソルを移動する。キーボードから、「赤（X）軸に平行な辺の長さ,緑（Y）軸に平行な辺の長さ」を入力して Enter キーを押すと、指定した大きさの長方形が作成される。

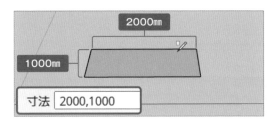

❺ 垂直面に長方形を作成する

垂直の面に長方形を作成する場合、測定ツールバーには「カーソル移動の大きい方の軸の値,小さい方の軸の値」の順で寸法が表示される。数値を入力して長方形を作成する場合は、始点をクリックし、長辺とする方向に多くカーソルを移動した後、キーボードから「長辺の値,短辺の値」を入力して Enter キーを押す。入力時に測定ツールバーの表示を確かめながらカーソルを移動して値を入力すれば失敗は少ないだろう。

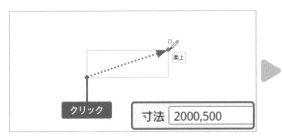

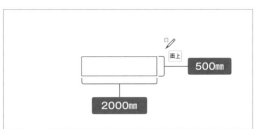

◎ [円]ツールで円を作成する

◎ [円] ツールでは、正円を作成できる。

❶ 2点を指定して円を作成する

図のように、始点をクリック→カーソルを移動→終点をクリックする、もしくは始点から終点までドラッグすることにより、始点と終点間を半径とする円が作成される。

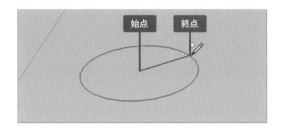

❷ 半径を指定して円を作成する

始点をクリックしてカーソルを移動する。キーボードから、「円の半径」を入力して Enter キーを押すと、指定した半径の円が作成される。

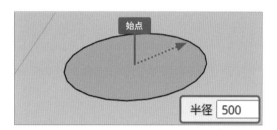

Hint　円のセグメント数や半径を変更する

SketchUpでは、円周は複数の線分によって構成されている。円周を構成するセグメント数(線分の数。標準では24本)は、円周を選択した状態で [エンティティ情報] パネル(**P.031**参照)を表示し、[セグメント数] に数値を入力することで変更できる。なお、◎ [エンティティ情報] パネルでは、円の [半径] も変更可能だ。

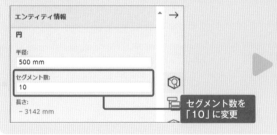

セグメント数を「10」に変更

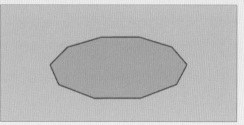

Hint　作成済みの円の半径を変更する

すでに作成された円の半径は、後から変更することができる。❶ ✛ [移動] ツールを選択する。❷ 円周にカーソルを合わせて円周が選択状態(青色)にならない 端点サイズ変更 (四半円点または四分円点。赤(X)軸を基準にした、円周上の0度、90度、180度、270度の各点)をクリックする。❸ カーソルを移動して任意の位置でクリックする、もしくはカーソル移動時にキーボードから円の半径を入力して Enter キーを押す。

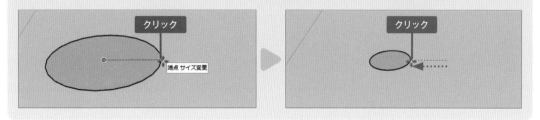

楕円を作成するには、次の手順で行う。❶ 拡張ツールセットから◎［円］ツールを選択し、円を作成する。❷ ツールバーから◢［尺度］ツールを選択し、円をクリックする。❸ 円の周りに、8つの緑色のグリップが付いた境界ボックスが表示されるので、上下左右の中央のグリップのいずれかをドラッグして円を変形し、楕円にする。❹ ツールバーの▸［選択］ツールを選択して終了する。

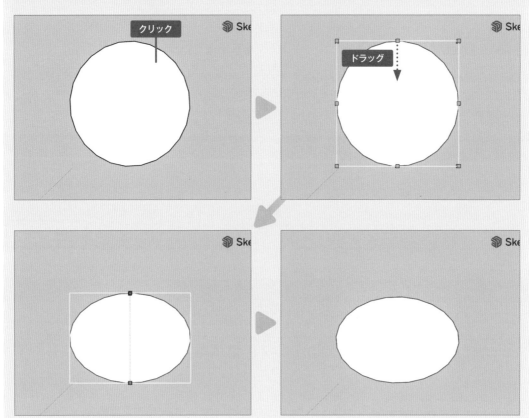

Section 2-6 [テキスト]ツールで文字を記入する

サンプルデータ
2-6-1.skp

[テキスト] ツールは、線や面上に文字を記入したり、図形に引出線付きの注釈文字を記入したりできる。

① 画面に固定される文字（スクリーンテキスト）を記入する

拡張ツールセットから [テキスト] ツールを選択し、図形のない任意の位置をクリック→文字を入力→図形のない任意の位置をクリックすると、文字（画面テキスト）が記入される。なお、画面テキストは、拡大／縮小など表示の変更には影響を受けず、常に画面に固定される。また、入力済みの文字をダブルクリックすると、編集が可能になる。

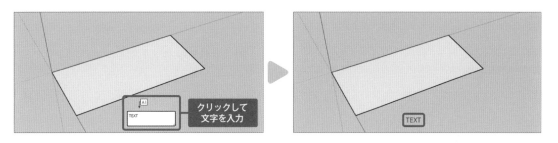

Hint 日本語の入力に関する注意

現時点（2024年5月）では、SketchUp for Webは「MSゴシック」などの日本語フォントを選択できない（右図）。そのため、日本語を入力しても文字化けして表示されない（左図）。

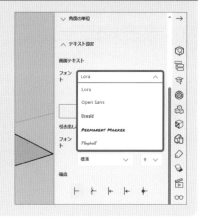

② 線や面からの引出線付き文字を記入する

拡張ツールセットから [テキスト] ツールを選択し、線や面をクリック→カーソル移動→終点をクリックすると、文字入力欄が表示される。文字入力欄には、最初にクリックした図形が線なら長さが、面なら面積が、端点なら座標値が表示されるので、任意の文字を入力するときは文字を変更する。図形のない任意の位置をクリックすると、引出線付きの文字が記入される。

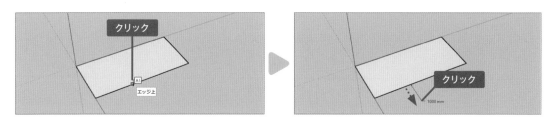

③ 線や面をダブルクリックして引出線のない文字を記入する

線や面をダブルクリックすると、引出線のない文字が記入される。

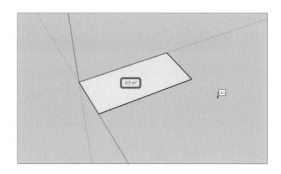

Hint　引出線のない文字を移動する際の注意

線や面をダブルクリックして記入される引出線のない文字は、データ上は引出線が存在するが、非表示になっている状態にある。そのため、引出線のない文字や、それがリンクしている面や線を移動する際に、思い通りにならない場合がある。

④ 図形にリンクしている文字の特徴

図形を移動すると、リンクしている文字が未選択状態でも図形に連動して移動する。 [寸法] ツールで作成した寸法線についても同様だ。

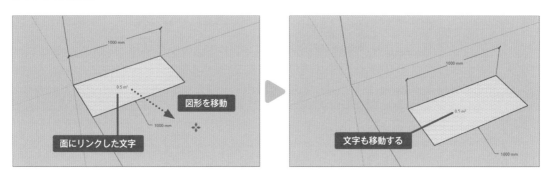

文字がリンクしている図形（ここでは長方形の面）を非表示にすると、文字も非表示になる。ただし、寸法はリンクしている図形の影響を受けず、非表示にはならない。

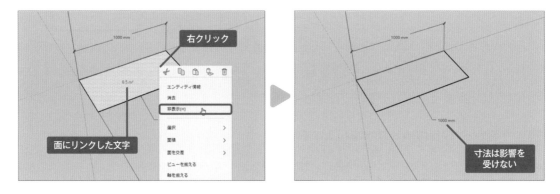

✖ [寸法]ツールで 寸法を記入する

サンプルデータ
2-7-1.skp

✖ [寸法] ツールは、線の長さの寸法や2点間の距離の寸法を記入できる。

① 線を指定して寸法を記入する

拡張ツールセットから ✖ [寸法] ツールを選択する。❶寸法を記入する線をクリックしてカーソルを移動し、❷寸法を作成する位置でクリックすると、寸法が記入される。

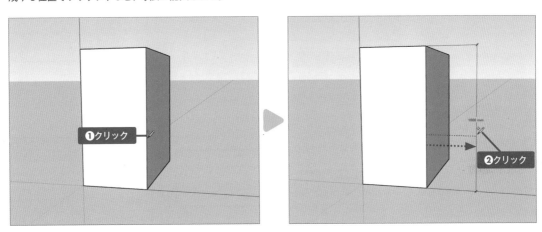

② 2点を指定して寸法を記入する

拡張ツールセットから ✖ [寸法]ツールを選択する。❶1点目をクリックしてカーソルを移動し、❷2点目をクリックしてカーソルを移動し、❸寸法を作成する位置でクリックすると、寸法が記入される。

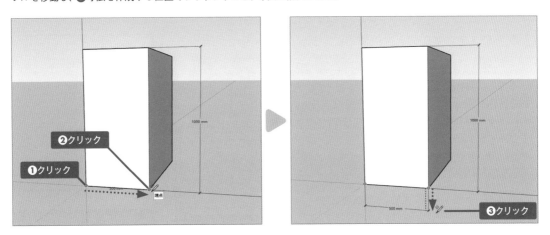

❸ 寸法値に文字を追加する

拡張ツールセットから 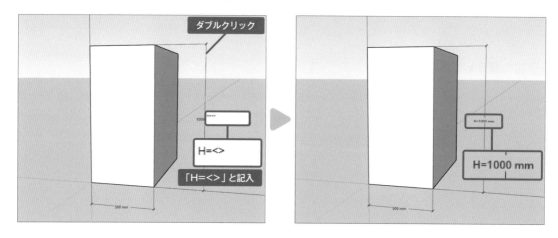 [寸法] ツールを選択する。寸法線をダブルクリックすると、寸法値が編集モードになるので、追加する文字（ここでは「H=<>」）を記入する。寸法以外の場所をクリックすると、寸法値に文字が記入される。測定値を利用したいときは「<>」を入力すると、「<>」部分が測定値になる。

❹ 単位を設定する

寸法値の単位は、[モデル情報] パネルの [長さの単位] で設定する。図は [形式] を [Millimeter] から [Meter] に、[表示精度] を [0mm] から [0.000m] に変更したところ。

❺ 文字の大きさや矢印を変更する

寸法値の文字の大きさや矢印の種類などは、[モデル情報] パネルの [寸法設定] で変更する。フォントの大きさ、矢印の種類などを設定（ここでは [フォント] を「Oswald」、[サイズ] を「14」、矢印記号を「黒丸」に設定）したら、[すべての寸法を更新] をクリックする。
ただし、[すべての寸法を更新] をクリックすると、個別に設定した寸法も変更されてしまうので注意する。

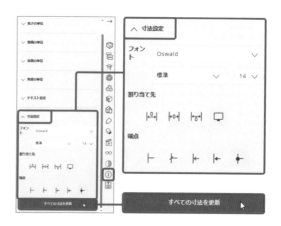

Hint 寸法設定を個別に指定する

個別の寸法に対して寸法値のフォントや文字の大きさ、矢印の種類などを設定する場合は、[エンティティ情報] で設定を行う。[エンティティ情報] を表示するには、対象となる寸法を選択し、右クリックして表示されるコンテキストメニューから [エンティティ情報] を選択する。

[移動]ツールで図形を移動／コピーする

サンプルデータ
2-8-1.skp

[移動] ツールは、図形の移動やコピーを行う。

1 図形を移動する

ツールバーから [選択] ツールを選択し、移動する図形を選択する。ツールバーから [移動] ツールを選択し、移動の基点となる任意の位置をクリックし、カーソルを移動する。カーソルの移動に合わせて図形が移動するので、任意の位置をクリックし、移動を終了（配置を決定）する。

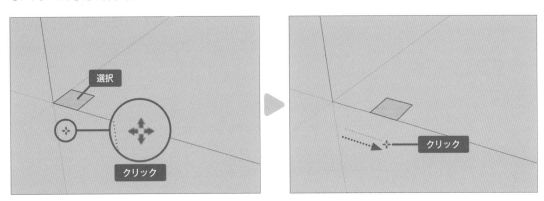

2 Ctrl キーを押してコピーモードにする

[選択] ツールで移動／コピーする図形を選択する。 [移動] ツールを選択し、 Ctrl キーを押してコピーモードにする（カーソル横に「＋」と表示される）。移動の基点となる任意の位置をクリックし、カーソルを移動する。カーソルの移動に伴いコピーされる図形も移動するので、任意の位置をクリックし、移動を終了（配置を決定）する。 Ctrl キーを押すタイミングは、移動の基点をクリックした後でも、移動を終了するクリックの直前でもよい。

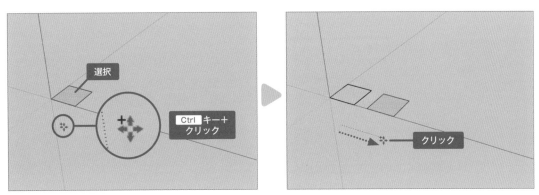

Hint <kbd>Ctrl</kbd> キーを2回押すと連続コピーできる（スタンプモード）

キーボードの <kbd>Ctrl</kbd> キーを2回押すとスタンプモード（カーソル横にスタンプマークが表示される）になり、連続でコピーできるようになる。⬚ ［移動］ツールを終了するまでスタンプモードが継続する。

❸ コピーする数を指定してコピーする

❷で図形を配置した後に、コピーされた図形が選択された状態で、キーボードから「個数x（エックス）」（または、「x（エックス）個数」）を入力して <kbd>Enter</kbd> キーを押す。基の図形とコピーされた図形との間隔と同じ間隔で、入力した個数だけコピーされた図形が配置される。

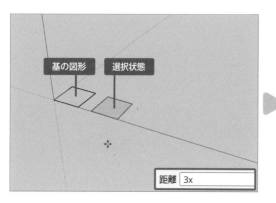
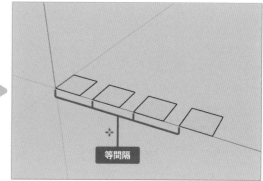

❹ 任意の距離間を均等に分割してコピーする

❷で図形を配置した後に、コピーされた図形が選択された状態で、キーボードから「分割数/」（または、「/分解数」）を入力して <kbd>Enter</kbd> キーを押す。基の図形とコピーされた図形との間隔（距離）を、入力した分割数で等分した位置にコピーされた図形が配置される。

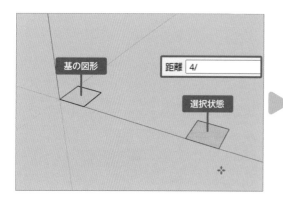
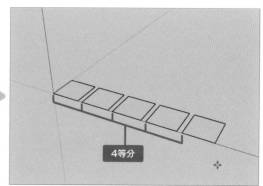

⟳ [回転]ツールで 図形を回転する

サンプルデータ
2-9-1.skp

⟳ [回転] ツールは、図形の回転や回転コピーを行う。

❶ 回転する

▶ [選択] ツールで図形の面をトリプルクリックしてすべて選択する。

⟳ [回転] ツールを選択して回転軸の原点を指定するが、このとき、カーソルに表示される分度器マークの色が回転軸とする軸の色になる。ここでは、緑軸を回転軸とするので、❶分度器マークを緑にして原点をクリックする。続けて❷回転を開始する位置（力点）でクリックする。

❸カーソルを移動して回転角度を変更し、任意の位置をクリックすると、選択した図形が回転軸を支点に回転する。このとき、キーボードから回転角度を入力して Enter キーを押すと、指定した角度で回転する。

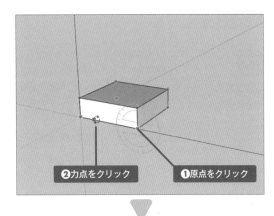

❷力点をクリック　　**❶原点をクリック**

Hint　分度器マークの方向を変更する

分度器マークの方向を変更するには、原点を指定するときにマウスの左ボタンを押しながら移動（ドラッグ）し、分度器マークの方向を回転したい方向に変更してからボタンを放す。

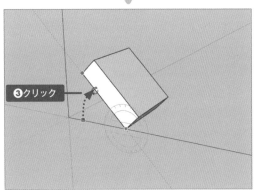

❸クリック

❷ 回転コピーする

❶の ⟳ [回転] ツール選択後に、 Ctrl キーを1回押すとコピーモード（カーソル横に「＋」が表示される）となり、選択中の図形を回転コピーできる。

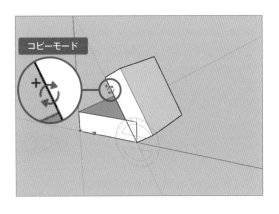

コピーモード

⚐ [反転]ツールで鏡像にする

サンプルデータ
2-10-1.skp

⚐ [反転] ツールは、図形を反転させることで鏡像（上下が同じで左右だけが反対）の状態にする。

● 図形を鏡像にする

1 ▸ [選択] ツールで図形の面をトリプルクリックしてすべてを選択する。
⚐[反転] ツールを選択すると、図形の中心に赤軸、緑軸、青軸に平行な面が表示される。

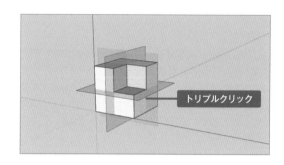

2 反転の軸として指定する面（ここでは赤軸の面）をクリックすると、図形が反転し、鏡像になる。なお、手順 **1** で ⚐ [反転] ツールを選択した後に **Ctrl** キーを押してコピーモードにしておくと、鏡像コピーとなる。

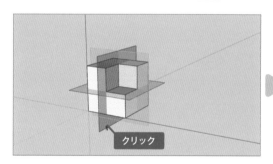

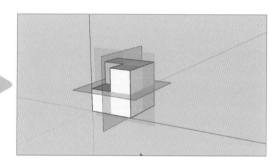

Hint　鏡像の軸の面を移動する／他の図形の面を反転軸に指定する

軸になる面をドラッグして移動すると、その面を軸として鏡像にできる。

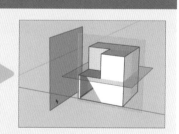

手順 **1** の時点で、他の図形の任意の面にカーソルを合わせると、紫色の面が表示される。この状態でクリックすると、その面を反転の軸として鏡像にできる。

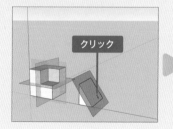

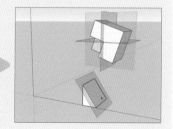

🔲 ［尺度］ツールで 図形のサイズを個別に変更する

📄 サンプルデータ
2-11-1.skp

🔲 ［尺度］ツールは、図形のサイズを個別に変更できる。

❶ 図形のサイズを個別に変更する

1 🖱️ ［選択］ツールで図形の面をトリプルクリックしてすべて選択する。

🔲 ［尺度］ツールを選択する。選択された図形が境界ボックス（黄色の枠線）によって囲まれ、境界ボックスの各頂点と各面の中心に「尺度変更グリップ」（緑色の小さな立方体）が表示される。

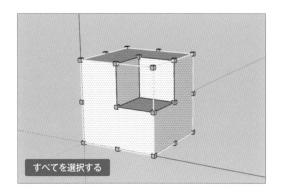

すべてを選択する

2 任意（ここでは、右上奥）の尺度変更グリップをクリックして選択すると、選択したグリップが赤色に、その対角線上にあるグリップ（基点）がピンク色に変わる。

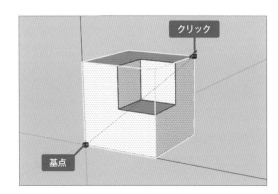

クリック

基点

3 カーソルを移動→クリック、またはキーボードで尺度倍率を入力して **Enter** キーを押すと、図形のサイズを変更できる。サイズ変更後は、描画領域でクリックするか、他のツールを選択すると境界ボックスが解除される。

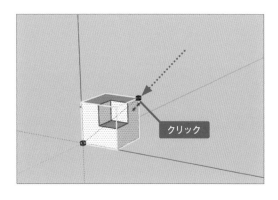

クリック

② 基点を変更する

図形が境界ボックスに囲まれた状態で、 Ctrl キーを押し
ながら任意（ここでは、右上奥）の尺度変更グリップをク
リックする。図形の中心（選択した尺度変更グリップとそ
の対角線上にある基点との中点）のグリップがピンク色
で表示され、変形の基点が対角線の端点から対角線の中
点に変更される。

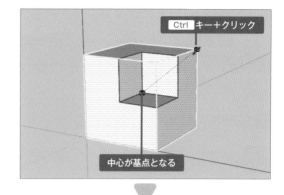

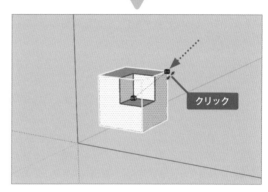

[メジャー]ツールで描画領域にある すべての図形のサイズを変更する

サンプルデータ
2-12-1.skp

個別に図形のサイズを変更する場合は、前ページで解説したように [尺度] ツールを使用する。しかし描画領域にあるすべての図形のサイズを一括で変更する場合は、 [メジャー] ツールを使用するほうが効率的だ。

● 図形の一辺の長さを基にサイズを変更する

1 [メジャー] ツールを選択する。サイズ変更の基準となる図形の始点 (ここでは左の直方体の正面左上角) をクリックする。

次に終点をクリックすると、クリックした2点間の距離(ここでは2000mm)がウィンドウ右下の測定ツールバーに表示される。

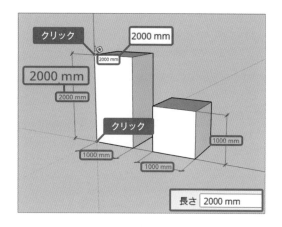

2 変更する尺度に合わせ、2点間の距離をキーボードから入力して Enter キーを押す。ここでは、サイズを1/2にするため、「1000」と入力した。

3 モデルのサイズ変更を確認するダイアログが表示されるので、[OK] をクリックして変更を許可する。

4 変更された2点間の距離に合わせて、すべての図形のサイズが変更される。

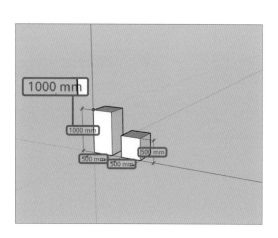

[プッシュ/プル]ツールで平面図形を立体図形にする

 サンプルデータ
2-13-1.skp

[プッシュ/プル] ツールは、平面を押したり引いたりすることで立体を作成できる。

❶ クリック→カーソル移動→クリック、またはドラッグで平面を立体にする

[プッシュ/プル] ツールで立体にする面をクリックし、カーソルを移動して任意の位置でクリックすると立体になる（面をドラッグしても立体になる）。立体にする面をクリックした後、キーボードから数値を入力して [Enter] キーを押すと、指定した数値の高さや幅、奥行きの立体を作成できる。

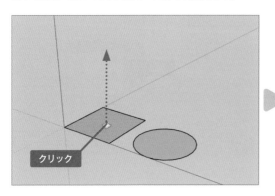 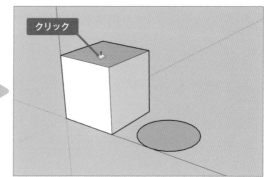

❷ ダブルクリックで立体化する

❶の操作の直後に続けて別の面をダブルクリックすると、❶の高さや幅、奥行きが反映された立体になる。

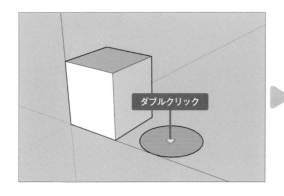 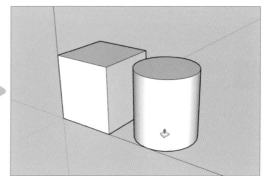

Chapter **2** 必須ツールと基本操作

3 Ctrl キーを押して立体を新規に追加する

Ctrl キーを押すとカーソル横に「＋」が表示され、追加モードになる。立体の面をクリックしてカーソルを移動すると、基の立体を変形するのではなく、クリックした面から新たに立体が作成されるので、任意の位置でクリックして形状を決定する（ドラッグしても同様の結果となる）。 Ctrl キーを押すタイミングはカーソル移動中でもよい。

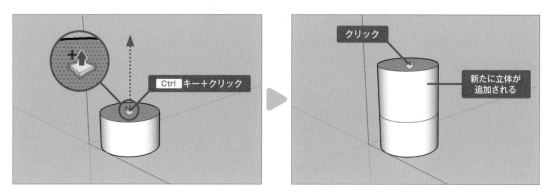

Section
13

4 Alt キーを押して角度のついた側面を持つ立体を伸縮する

[プッシュ／プル] ツールで側面に角度のついた立体の上面をクリック→カーソルを移動→クリックすると、**3**の追加モードと同様、右図のように側面が分割された状態になる。

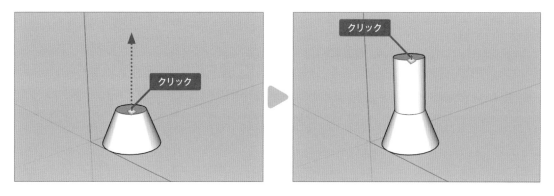

Alt キーを押しながら立体の上面をクリック→カーソルを移動→クリックすると、右図のように側面が連続した状態の立体となる。

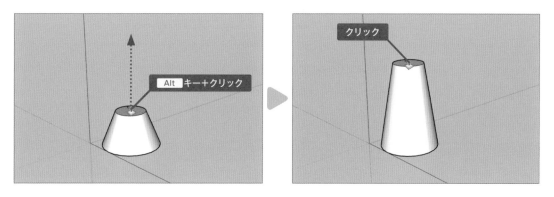

Section 2-14 [フォローミー]ツールで パスを利用して面を押し出す

サンプルデータ
2-14-1.skp
2-14-2.skp

[フォローミー] ツールは、指定したパス（線や面の輪郭）に沿って面を押し出しすることで立体を作成する。

① 線分のパスに沿って面を押し出す

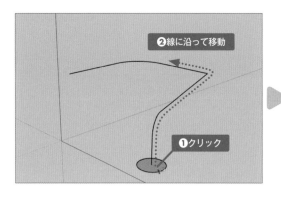
❷線に沿って移動
❶クリック

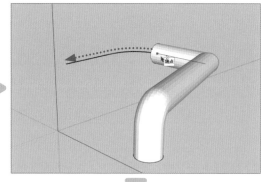

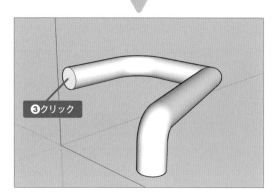
❸クリック

あらかじめ、立体化する面と、パスとなる線を用意しておく。拡張ツールセットから [フォローミー] ツールを選択する。❶ 押し出す基となる面をクリックし、❷ カーソルを線に沿って移動する（クリックしない）。パスに沿って面が押し出され、立体が作成される。❸ 終点をクリックすると、立体が確定する。

② 円をパスにして回転体を作成する

あらかじめ、立体化する面と、パスとなる円を用意しておく。[選択] ツールでパスになる円の面を選択しておく。❷ [フォローミー] ツールを選択し、回転する断面の図形をクリックすると、回転体が作成される。

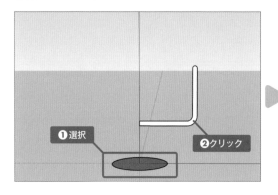
❶選択
❷クリック

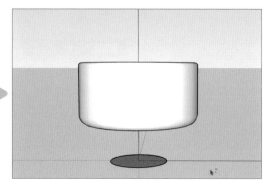

Chapter 2 必須ツールと基本操作

Section 2-15 [分割]機能で線を分割する

[分割] 機能を用いて、線分や辺を均等に分割できる。

● コンテキストメニューの[分割] で直線を分割する

1 直線を右クリックして表示されるコンテキストメニューから [分割]を選択する。

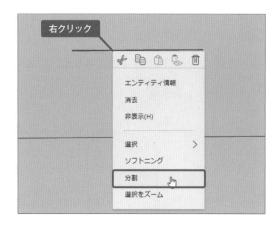

2 直線上に赤い点が表示され、カーソル横に分割数が表示される。線に沿ってカーソルを左右に移動すると分割数が変化するので、分割したい数が表示されている状態でクリックする。または、キーボードから分割数を入力して Enter キーを押すと、その数で分割される。

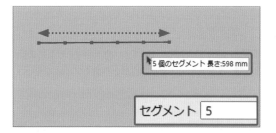

Hint　円弧の分割

直線と同じ方法で円弧も分割できる。

［交差］機能で面を分割する

 サンプルデータ
2-16-1.skp

［交差］機能を使って立体と立体が交差する部分にエッジ（境界線）を追加すると、エッジで面を分割できる。

● **コンテキストメニューの［交差］で立体の交差部分にエッジを追加する**

1 [移動] ツールで円柱を移動して立方体に重ねる。移動して重ねただけでは、立体と立体が交差している部分にはエッジは作成されない。

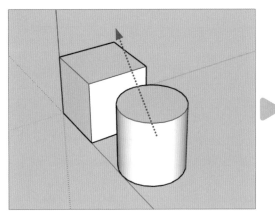

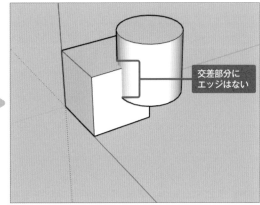

2 ❶立方体と円柱を選択し、❷右クリックして表示されるコンテキストメニューから［面を交差］―［モデルと交差］を選択する。立体と立体が交差している部分にエッジが作成され、面が分割された状態になる。

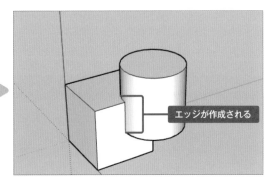

3 交差部分が分割されているので、円柱を削除すると、図のように立方体が削られる。

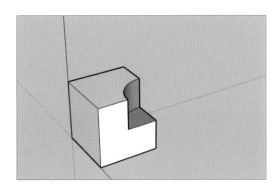

Section 2-17 🖌 [ペイント]ツールで 色/素材を適用する

サンプルデータ
2-17-1.skp

🖌 [ペイント] ツールでは、🔳 [マテリアル] パネルに登録されている色や素材などのマテリアルを図形に適用できる。

1 マテリアルを図形に適用する

🖌 [ペイント] ツールを選択すると、🔳 [マテリアル] パネルの 🔍 [参照] をクリックする。標準で登録されているマテリアルの項目がリスト表示されるので、任意の項目（ここでは、[レンガ、グラッディングとサイディング]）をクリックして展開する。マテリアルのサムネイルが表示されるので、任意のマテリアル（ここでは、[レンガ アンティーク 01]）をクリックして選択する。個別に面をクリックすると、マテリアルが適用される。

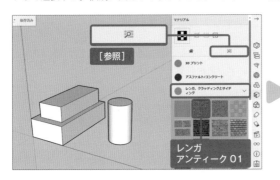
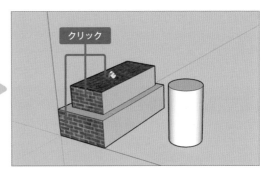

2 接している面かつ同じマテリアルの面に新たなマテリアルを適用する

🖌 [ペイント] ツールでマテリアル（ここでは、[レンガ バスケット]）を選択し、Ctrl キーを押しながら面をクリックすると、その面に接し、かつ同じマテリアルの面にも選択したマテリアルが適用される。

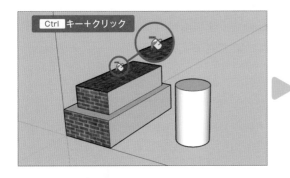
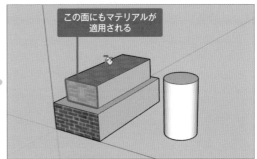

Hint マテリアルを抽出する

🖌 [ペイント] ツールを使用しているときに Alt キーを押すと、カーソルがスポイトの形になる。その状態で面をクリックすると、マテリアルが抽出され、現在のマテリアルとなる。そのまま任意の面をクリックすると、抽出したマテリアルが適用される。

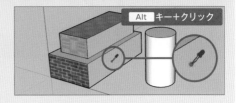

❸ 図形内の同じマテリアルの面すべてに新たなマテリアルを適用する

🖌️ [ペイント] ツールでマテリアル（ここでは、[レンガ バスケット]）を選択し、 Shift キーと Ctrl キーを押しながら面をクリックすると、図形内でその面と同じマテリアルのすべての面に選択したマテリアルが適用される。

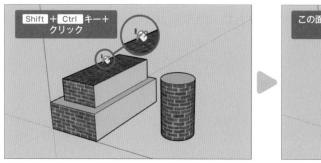
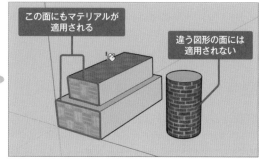

❹ 描画領域内の同じマテリアル面のすべてに新たなマテリアルを適用する

🖌️ [ペイント] ツールで別のマテリアル（ここでは、[レンガ バスケット]）を選択し、 Shift キーを押しながら面をクリックすると、描画領域内にある同じマテリアルのすべての面に選択したマテリアルが適用される。

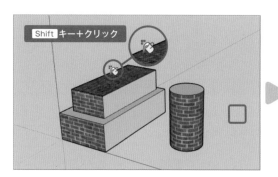
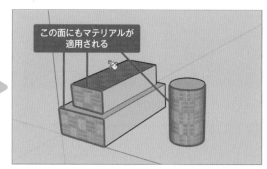

Hint | **グループ／コンポーネントに対するマテリアルの適用**

グループ／コンポーネントは、構成している面ごとにマテリアルを適用できるが、グループ／コンポーネント全体に対してもマテリアルを適用することができる。ただし、構成している面が [デフォルト] の場合にのみ新たなマテリアルが適用される。左図のように [レンガ アンティーク01] が適用されているグループ／コンポーネントに対して [レンガ バスケット] を適用すると、[デフォルト] の面のマテリアルだけが変更される（右図）。

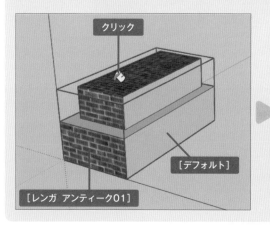
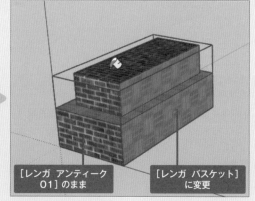

［グループ］［コンポーネント］機能で
複数の図形をひとまとめにする

［グループ］［コンポーネント］機能では、複数の図形をひとまとめにして扱うことができる。図形が込み合っているなど、編集や選択が煩雑になった状態でも、部品ごとにグループ／コンポーネントとしてまとめておくことで、表示／非表示の切り替えなどが簡単に行え、効率よく作業できる。

サンプルデータ
2-18-1.skp
2-18-2-1.skp
2-18-2-2.skp
2-18-3.skp
2-18-5.skp

❶ グループ／コンポーネントの特徴

SketchUpでは、図のように図形同士を接するように作成すると、重なった面や線が自動的に一体化される。そのため、片方を移動するともう一方も追従して移動する（図①）。そこで、図形の一方をグループかコンポーネントにすると、重なった面や線が一体化されず、個別に移動できる（図②）。

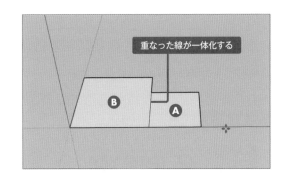

重なった線が一体化する

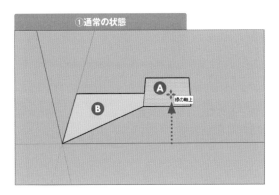

①通常の状態

正方形Ⓐだけ移動したいが、図のように正方形Ⓑの右辺も移動して形が崩れてしまう

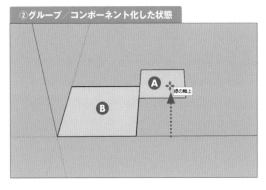

②グループ／コンポーネント化した状態

正方形Ⓐをグループ化またはコンポーネント化すると、図形同士が接しても一体化されない。そのため、正方形Ⓐを移動しても正方形Ⓑに影響はない

グループ／コンポーネント化すると、複数の図形をひとまとまりとして扱えるので、一度のクリックで全体を選択できる。

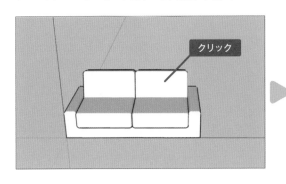

クリック

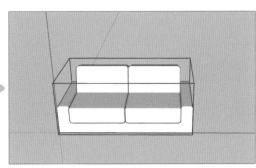

② グループとコンポーネントの違い

グループ化／コンポーネント化した図形をそれぞれコピーした場合、グループ図形はどれか1つに変更を加えてもほかの図形に変更は反映されない。一方、コンポーネント図形はどれか1つに変更を加えると、ほかの図形すべてに変更が反映される。

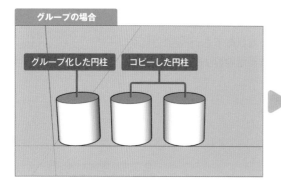

グループ化した円柱を横に2つコピーした状態

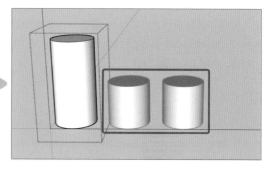

コピー元の円柱の高さを変更しても、コピーした円柱の高さは変わらない

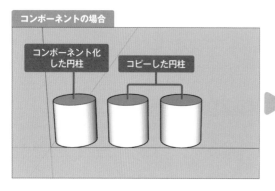

コンポーネント化した円柱を横に2つコピーした状態

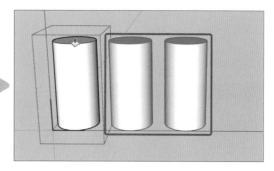

コピー元の円柱の高さを変更すると、コピーした円柱の高さも同じ高さになる

③ グループ化する

グループ化する図形を選択し、右クリックして表示されるコンテキストメニューから［グループを作成］を選択すると、図形が青色の枠線で囲まれ、グループ化される。

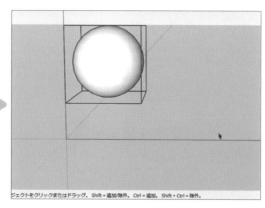

④ コンポーネント化する

1 コンポーネント化する図形を選択し、右クリックして表示されるコンテキストメニューから［コンポーネントを作成］を選択する。

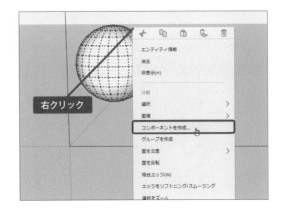

2 ［コンポーネントを作成］ダイアログが表示されるので、［定義］にコンポーネント名を入力し、各種設定を行って［OK］をクリックする。

3 図形が青色の枠線で囲まれ、コンポーネント化される。

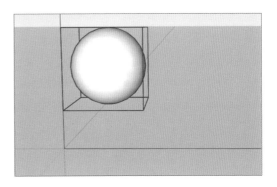

4 作成したコンポーネントは、📦 [コンポーネント] パネルのリストに追加される。コンポーネント名をクリックして、描画領域内をクリックするとコンポーネントを配置できる。

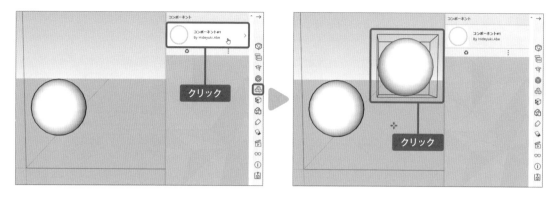

5 グループ／コンポーネントを編集する

グループまたはコンポーネントをダブルクリックすると、グレーの点線（編集用の境界ボックス）で囲まれて編集モードとなり、グループ／コンポーネント内の図形を個別に編集できるようになる（左図）。編集が終わったら、コンポーネントの外の何もない位置をクリックするか、コンポーネントを右クリックして表示されるコンテキストメニューから ［グループを閉じる］ または ［コンポーネントを閉じる］ を選択する（右図）。

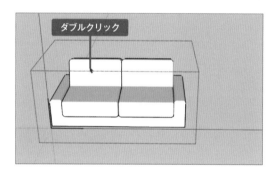
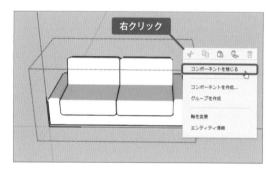

6 グループ／コンポーネントを分解する

グループまたはコンポーネントを選択し、図形を右クリックして表示されるコンテキストメニューから ［分解］ を選択する。グループまたはコンポーネントが分解されて個別の図形になる。

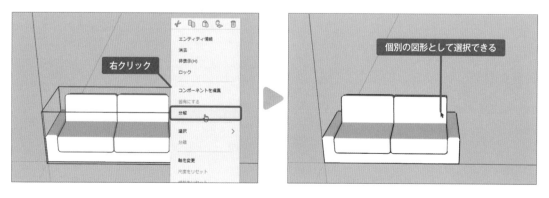

7 グループ／コンポーネントの推定点を切り替える

[移動] ツールや [回転] ツールで、グループやコンポーネントにカーソルを合わせると青色の枠線に推定点の候補がグレーで表示される。推定点の候補はキーボードの **Alt** キーを押すごとに端点や中点に切り替わる。

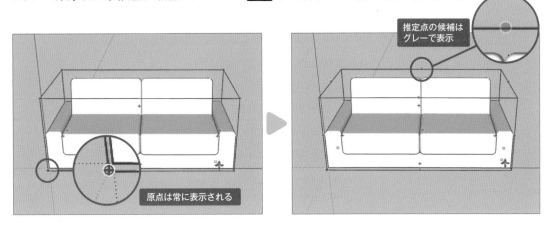

推定点の候補はグレーで表示

原点は常に表示される

8 グループ／コンポーネントを回転する

[移動] ツールを選択し、グループやコンポーネントの面にカーソルを合わせると、「+」マークが表示される。「+」マークにカーソルを合わせると、カーソルが [回転] マークに切り替わり、分度器が表示される。この状態でクリックしてカーソルを移動し、任意の位置でクリック（または角度を入力）すると、分度器の中心を軸としてコンポーネントが回転する。

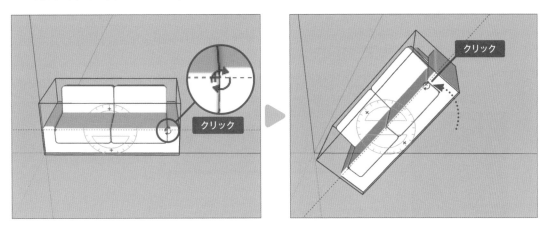

クリック

クリック

Trimble Connectとは

SketchUp for Webで作成したデータは、基本的には使用中のパソコンではなく、インターネットを介して「Trimble Connect」と呼ばれるTrimble社のクラウドストレージに保存され、管理を行う。SketchUp for Webの［ホーム］画面で、各ファイルのサムネイルに表示されている雲形のマーク（［ファイルブラウザで開く］）をクリックすると、Webブラウザの別のタブにTrimble Connectの画面が表示される。Trimble Connectでは、複数ファイルを一括してアップロードやダウンロードすることが可能だ。Trimble Connectの使用は無料だが、無償版のSketchUp Freeには10GBまでという容量制限がある（**P.013**参照）。

［ホーム］画面で各ファイルのサムネイルに表示されている雲形のマーク（［ファイルブラウザで開く］）をクリックすると、Trimble Connectが別のタブで表示される。

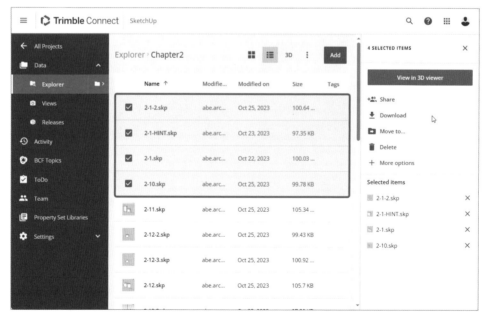

Trimble Connectのファイルリストで、チェックを入れたファイルやフォルダを一括ダウンロードできる。

Chapter

3

ソファを
モデリングする

本章では、簡単なソファをモデリングします。
平面を立体にするために［プッシュ / プル］ツール、
立体を面取りするために［フォローミー］ツールを使います。
また、部位ごとに「コンポーネント」にして、
モデリングしやすくするのもポイントとなります。
実際に物を完成させていく過程を通して
基本ツールや画面操作の扱いに慣れてください。

Chapter3で作成するモデル

 本章で使用するすべての作例ファイルは、
教材データの「chapter3」フォルダに収録されています。

最終完成画像　　📄 **最終完成ファイル**
3_kansei.skp

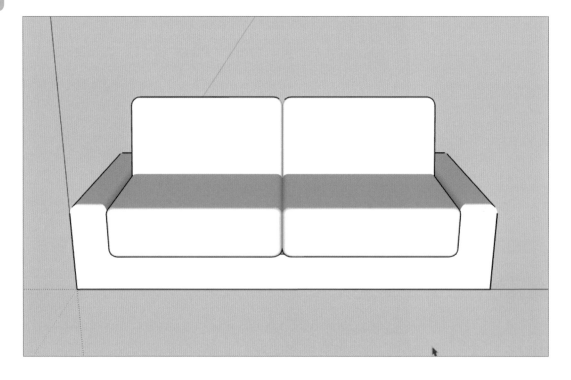

ソファの台座部分を作成する。 [2点円弧] ツールと [フォローミー] ツールを使って面取りする方法や、予め描いた線を使って半径を指定して円弧を作成する方法、スタイルを変更してエッジの線のみを選択しやすくする方法などを解説する。

1 最初に1700×850mmの長方形を作成する。[ホーム] 画面の [新規作成] ボタン右の [—] をクリックし、表示されるメニューから [10進数—ミリメートル] を選択する。

2 ツールバーから [長方形] ツールを選択する。最初の頂点として、カーソルをX/Y/Z軸（それぞれ赤／緑／青の軸）の交点に合わせ、カーソル横に 原点 と表示される位置をクリックする。

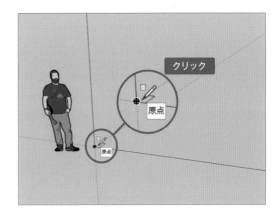

3 右上にカーソルを動かし、キーボードから半角数字で「1700,850」と入力して、 Enter キーを押す。1700×850mmの長方形が作成される。

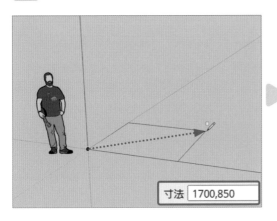

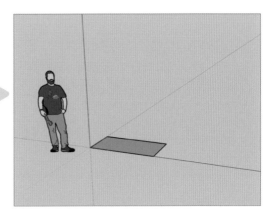

4 長方形を立体にする。
ツールバーから ![icon] [プッシュ／プル] ツールを選択する。
手順 **3** で作成した長方形をクリックし、カーソルを上方向に移動し、キーボードから半角数字で「150」と入力して **Enter** キーを押すと、高さ150mmの直方体が作成される。

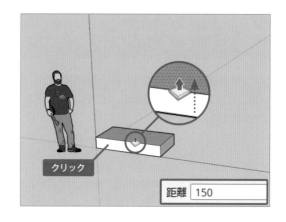

クリック

距離 | 150

5 ツールバーから ![icon] [オービット] ツールを選択し、図のように直方体の上面が見やすい視点に変更する。

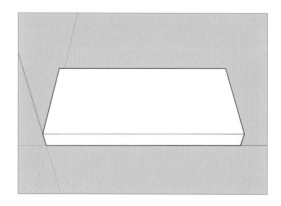

6 直方体の上面の外形線を内側150mmにオフセットする（外形線の150mm内側に平行線を引く）。
ツールバーの一番下にある ![icon] をクリックして表示される拡張ツールセットから ![icon] [オフセット] ツールを選択する。

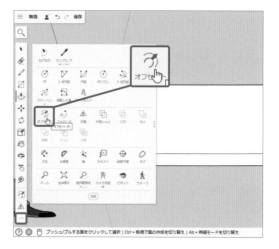

Hint ![icon] [オフセット] ツールとは

![icon] [オフセット] ツールは、基準となる線の形に合わせて、その線の内側、もしくは外側の一定の距離のところに線のコピーを作成する。

Chapter **3** ソファをモデリングする

7 直方体の上面の上辺手前にカーソルを移動して [エッジ上] と表示される位置でクリックし、上面の中央へ向けてカーソルを移動する。キーボードから半角数字で「150」と入力して Enter キーを押す。直方体上面の外形線の内側150mmの位置に長方形が作成（オフセット）される。

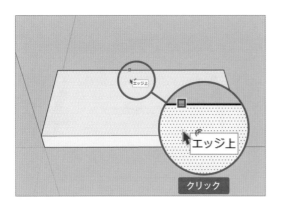

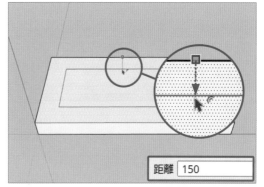

8 ツールバーから [選択] ツールを選択し、内側の長方形の下辺をクリックして選択する。ツールバーから [移動] ツールを選択し、選択した線の右端の [端点] と表示される位置でクリックする。

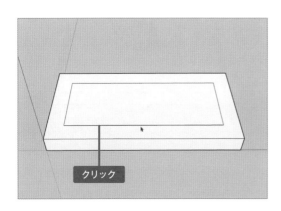

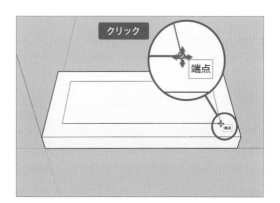

9 緑軸手前方向にカーソルを移動し、直方体の上面、手前の辺の [エッジ上] と表示される位置でクリックする。

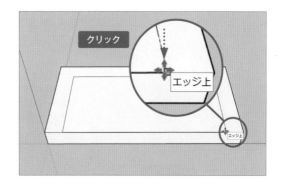

Hint カーソル移動を軸方向に拘束する

[移動] ツールなどのカーソルの移動を赤（X）軸、緑（Y）軸、青（Z）軸のいずれかの方向に拘束（固定）したい場合は、カーソルを移動するときに矢印キーを使用する。 → キーを押すと赤軸に、 ← キーを押すと緑軸に、 ↑ キーを押すと青軸にそれぞれ拘束される。

10 ツールバーから [プッシュ/プル] ツールを選択する。直方体の外側の上面をクリック、青軸上方向にカーソルを移動する。キーボードから半角数字で「200」と入力して Enter キーを押すと、選択した面の部分がさらに200mm高くなる。

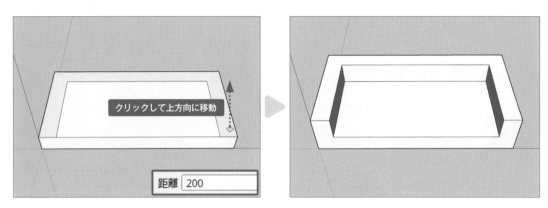

11 続いて、ソファの背もたれ部分を高くする。
ツールバーから [線] ツールを選択し、背もたれ内側の左上角の 端点 と表示される位置でクリックする。

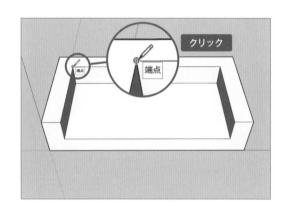

12 緑軸奥方向にカーソルを移動し、辺上で エッジ上 と表示される位置でクリックすると、線が作成される。右側も同様にして線を作成する。

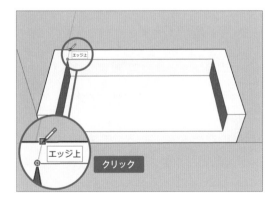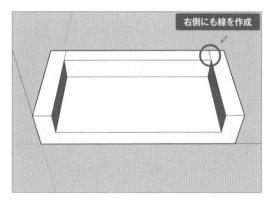

13 ツールバーから ⬇ [プッシュ/プル] ツールを選択する。手順 **12** で作成した線で区切られた奥の面をクリックし、カーソルを青軸上方向に移動する。キーボードから半角数字で「200」と入力して Enter キーを押す。背もたれ部分がさらに200mm高くなる。

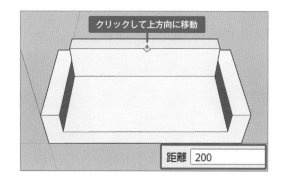

14 ひじ掛け部分の角を面取りする。
⬌ [オービット] ツールや 🔍 [ズーム] ツール、✋ [パン表示] ツールなどを用いて、右側のひじ掛け部分が正面に見える視点に変更する。

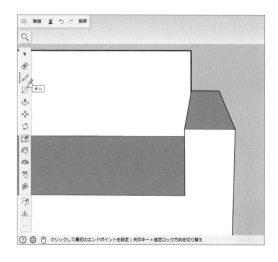

15 まず、半径30mmの円弧を作成するための補助線を作成する。
ツールバーから ✏ [線] ツールを選択する。ひじ掛け部分正面の、左上角の 端点 と表示される位置でクリックする。カーソルを赤軸右方向に移動し、エッジ上 と表示されたら（クリックしない）、キーボードから半角数字で「30」と入力して Enter キーを押す。辺に重なってわかりにくいが、ひじ掛け部分の正面左上に30mmの線が作成される。

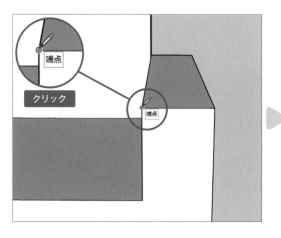

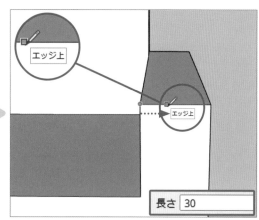

16 ツールバーの一番下にある […] をクリックして表示される拡張ツールセットから ☑ [2点円弧] ツールを選択し、手順 **15** で作成した補助線の右端の、[端点] と表示される位置でクリックする。

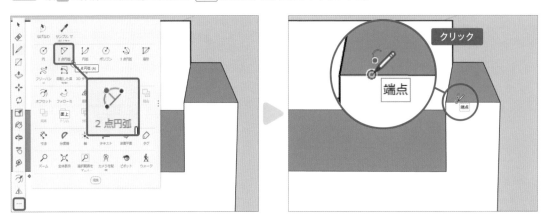

17 カーソルをひじ掛け部分正面の左辺に移動すると、円弧がピンク色で仮表示される。カーソルを左辺の下方向に移動し、円弧がピンク色で仮表示された状態で、[頂点で接線] と表示される位置でダブルクリックする。半径30mmの円弧が作成される。

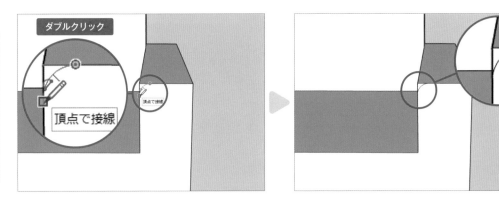

18 手順 **17** で作成した円弧を利用し、☑ [フォローミー] ツールを使ってひじ掛け上面の角を面取りする。
ツールバーから ☑ [選択] ツールを選択し、ひじ掛け部分の上面をクリックして選択する。

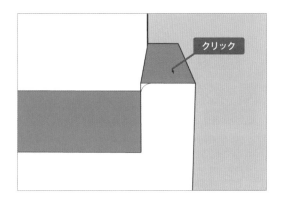

19 拡張ツールセットから[フォローミー]ツールを選択する。

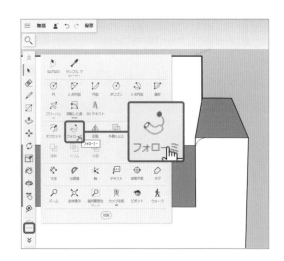

20 手順 **14** 〜 **17** で作成された円弧と長方形の角との間の面をクリックする。手順 **18** で選択した上面の長方形の外形線をパス（輪郭）とし、パスに沿って円弧の面が押し出される。ひじ掛け部分の上面（長方形）の4辺の角が同時に削除され、丸く面取りされる。

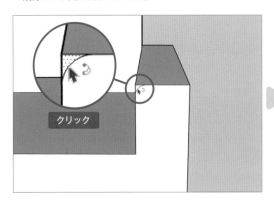

クリック

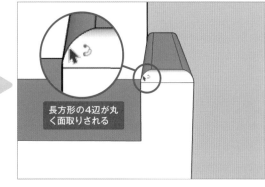

長方形の4辺が丸く面取りされる

21 [オービット]ツールや[ズーム]ツールなどを用いて、ひじ掛けと背もたれが接した部分を拡大する。ひじ掛けの上部が削除された際に、背もたれの面の一部も削除されていることが確認できる（グレーの部分）。この部分を修正していく。

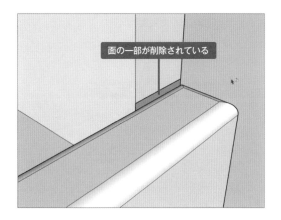

面の一部が削除されている

22 ツールバーから ✏ ［線］ツールを選択し、削除された面の上にある線の左端点をクリックする。

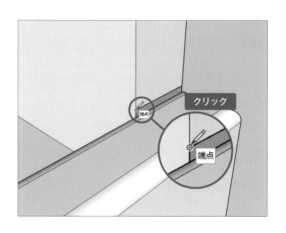

23 続いて、線の右端点をクリックすると、背もたれの削除された部分が線で囲まれ、自動的に面が作成される（グレーの部分が白くなる）。

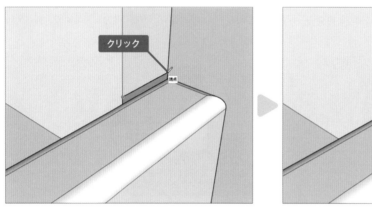
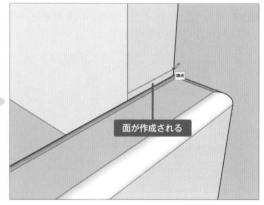

24 面が作成されたら、手順 **22**〜**23** で作成した線は不要となるので、削除する。
ツールバーから ▶ ［選択］ツールを選択する。線をクリックして選択し、 **Delete** キーを押すと削除される。これで右側のひじ掛け部分が完成した。

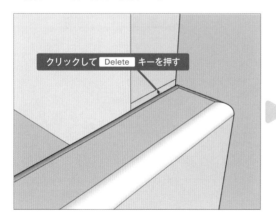
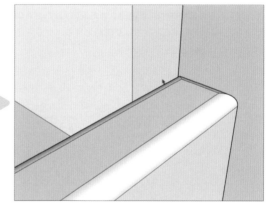

25 手順 **14**～**20** と同様にして、左側のひじ掛け部分の角も丸く面取りする。

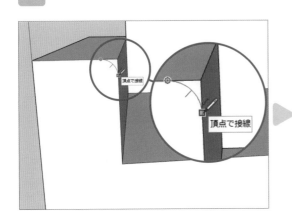 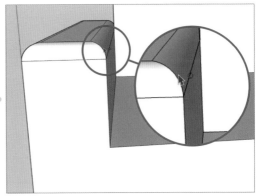

26 手順 **21**～**24** と同様にして、左側の背もたれ部分の削除された面を塞ぐ。左側のひじ掛け部分が完成した。

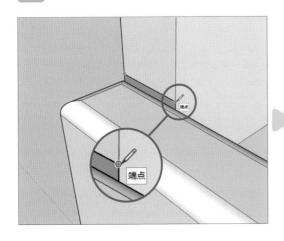 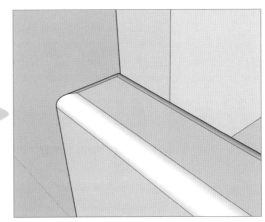

27 背もたれ部分もひじ掛け部分と同様に角を丸く面取りする。

ツールバーから ▶ [選択] ツールを選択し、背もたれ部分の正面左上の角をクリックする。

28 カーソルを右方向に移動し、[エッジ上] と表示されたら（クリックしない）、キーボードから半角数字で「30」と入力して [Enter] キーを押す。背もたれ部分の正面左上に長さ30mmの線が作成される。

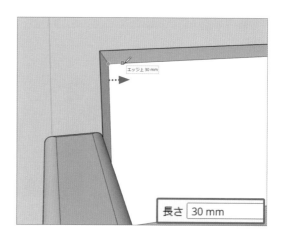

29 拡張ツールセットから [2点円弧] ツールを選択し、手順 **28** で作成した30mmの線の右の端点をクリックする。カーソルを左辺の下方向に移動し、円弧がピンク色で仮表示された状態で、[頂点で接線] と表示される位置をダブルクリックする。半径30mmの円弧が作成される。

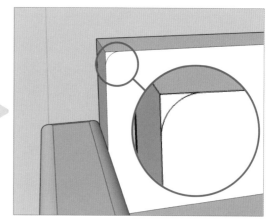

30 ツールバーから [選択] ツールを選択する。背もたれ部分の上面の長方形をクリックし、選択する。

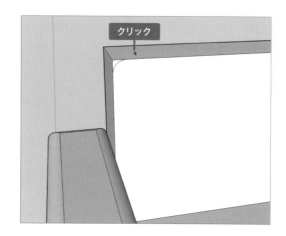

31 手順 **19**〜**20** と同様にして、拡張ツールセットから [フォローミー] ツールを選択し、手順 **29** で作成した円弧と角の間の面をクリックする。背もたれ部分の上面（長方形）の4辺の角が同時に削除され、丸く面取りされる。

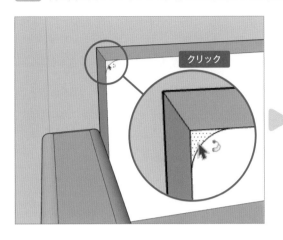

クリック

丸く面取りされる

32 背もたれ部分の面取りした線は不要なので、非表示にする。
まず、図のようにソファの全体が表示される視点に変更する。

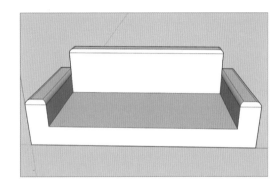

Section
1
ソファの台座を作成する

33 パネルバーの [スタイル] をクリックする。表示される [スタイル] パネルの [参照] をクリックする。[デフォルトのスタイル] をクリックすると、登録されているスタイルが表示されるので、[ワイヤフレーム] をクリックする。ソファが線のみの表示になる。

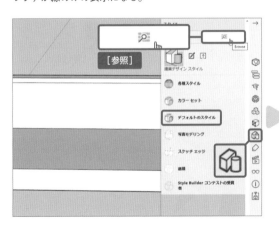

[参照]

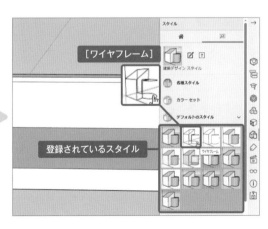

[ワイヤフレーム]

登録されているスタイル

34 ツールバーから ▶ ［選択］ツールを選択し、背もたれ部分の面取りした上面部分を窓選択（**P.047** 参照）する。

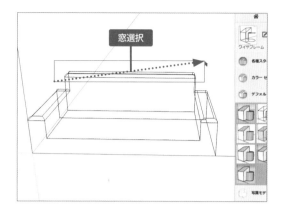

35 選択されたいずれかのエンティティ（線や面などの要素）を右クリックし、表示されるコンテキストメニューから［非表示］を選択する。背もたれ部分の面取りした線が非表示になる。

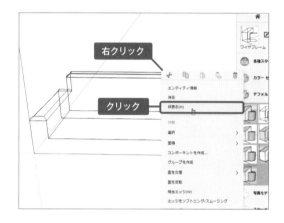

36 手順 **34** 〜 **35** と同様にして、左右のひじ掛け部分の面取りした部分の線も非表示にする。

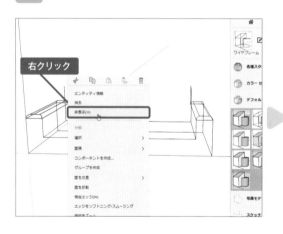 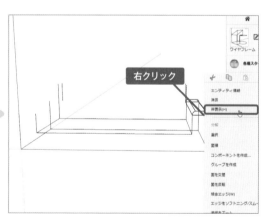

37 背もたれ部分とひじ掛け部分の面取りした部分が非表示になり、図のような状態になる。

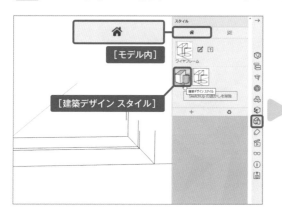

38 パネルバーの [スタイル] をクリックし、表示される [スタイル] パネルの [モデル内] をクリックする。リストに表示される [建築デザイン スタイル] をクリックする。余分な線が非表示になる。

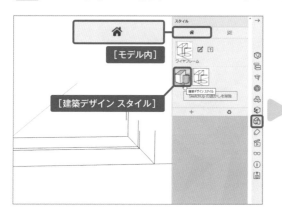 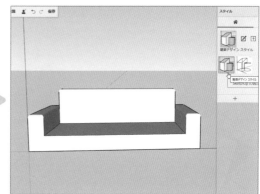

[モデル内]

[建築デザイン スタイル]

39 [スタイル] パネルの上 [×] をクリックし、パネルを閉じる。

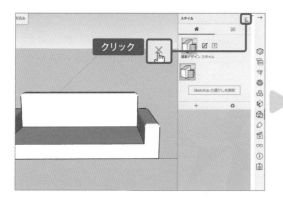 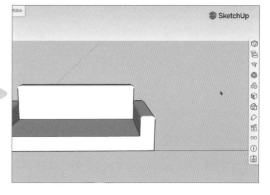

クリック

40 作成したソファの台座をコンポーネントにする。ソファの面や線をトリプルクリックして、ソファの台座全体を選択する。

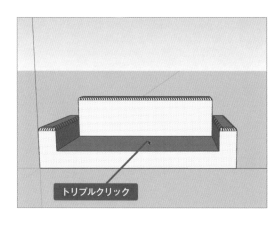

Hint　トリプルクリックを使う

トリプルクリックすると、クリックした面や線が立体としてつながっているすべての立体とエンティティを一度に選択できる。コンポーネントを作成する場合に便利な機能だ。

41 選択されたソファの台座を右クリックし、表示されるコンテキストメニューから［コンポーネントを作成］をクリックする。

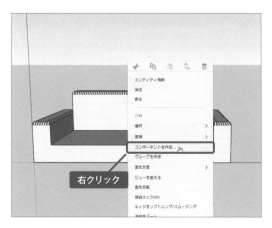

42 ［コンポーネントを作成］ダイアログが表示される。［定義］に任意のコンポーネント名（ここでは「ソファ　台座」）と入力し、［OK］をクリックする。

43 選択されたソファの台座全体が青い枠線で囲まれ、ソファの台座（コンポーネント「ソファ　台座」）が完成する。メニューバーの［保存］をクリックする。

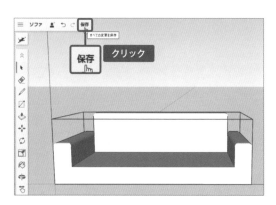

44 ［未使用のアイテムを完全に削除］ダイアログが
表示されるので、［はい、完全に削除する］をクリックする。

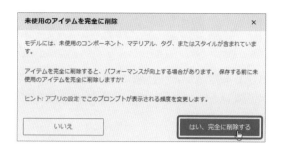

Hint ファイル容量を節約する

［はい、完全に削除する］をクリックすると、使用されていないスタイルやマテリアル、コンポーネントなどが削除され、ファイルの容量が軽減される。

45 ［保存先］のダイアログが表示される。［保存先］
のフォルダを選択し、［名前］（ここでは「ソファ」）
を入力して［ここに保存］をクリックすると、インターネット（Trimble Connect）にファイルが保存される。

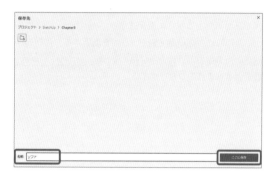

Hint 適宜ファイルを保存する

SketchUpは、5分おきにファイルを自動保存するように設定されているが、いつ保存されたのか気づきにくい。必要に応じて適宜、メニューバーの［保存］をクリックして保存しよう。

ここまでのデータ
3-1-45.skp

3-1 で作成したソファの台座に、座面用と背もたれ用のクッションを追加する。☑[長方形]ツールのほか、☑[2点円弧] ツール、☺[フォローミー] ツールを使ってクッションを作成し、✛[移動] ツールで台座と組み合わせる方法を解説する。

1 座面用のクッションを作成する。
☖[オービット] ツールや🔍[ズーム] ツール、☜[パン表示] ツールなどを用い、図のようにソファの台座が正面に見える視点に変更する。
ツールバーから☑[長方形] ツールを選択する。台座の手前上の辺の中央付近にカーソルを合わせ、中点(ソファ 台座) と表示される点をクリックする。

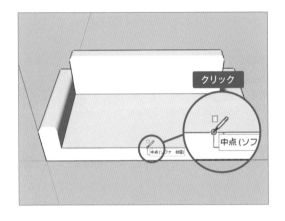

2 右奥方向にカーソルを移動し、背もたれとひじ掛けの角の 端点(ソファ 台座) と表示される位置でクリックする。このときステータスバーの[寸法]に[700mm, 700mm] と表示されていることを確認する。
700×700mmの正方形が作成される。

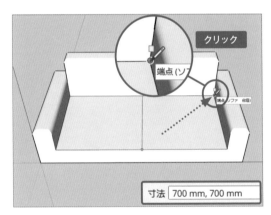

3 ツールバーから▶[選択] ツールを選択し、手順 2 で作成した正方形をダブルクリックして選択する。

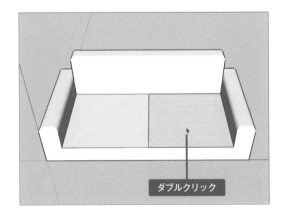

4 選択した正方形を右クリックし、表示されるコンテキストメニューから［コンポーネントを作成］を選択する。

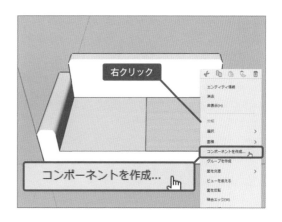

5 表示される［コンポーネントを作成］ダイアログの［定義］にコンポーネント名（ここでは「ソファ 座面」）を入力し、［OK］をクリックする。コンポーネント「ソファ 座面」が作成される。

Hint コンポーネントで作業の省力化

立体（オブジェクト）やエンティティをコンポーネント化して複数個コピーした場合、いずれかのコンポーネントに変更を加えると、他のコンポーネントにも変更が反映される（**P.073**参照）。ここではその性質を利用し、座面クッションをコンポーネント化してコピーしたものを編集することで、背もたれクッションの制作の省略化を図る。

6 ツールバーから ✛［移動］ツールを選択し、 Ctrl キーを押してコピーモードにする。画面上の任意の位置でクリックし、赤軸右方向へカーソルを移動すると、クリックした位置からカーソルまでの軌跡が赤い点線で表示される。

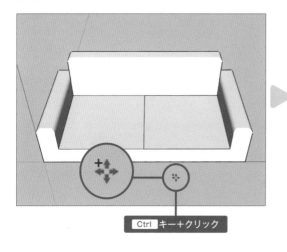

Ctrl キー＋クリック

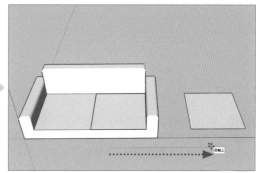

7 他のエンティティがない任意の位置でクリックすると、選択した「ソファ　座面」コンポーネントがコピーされる。

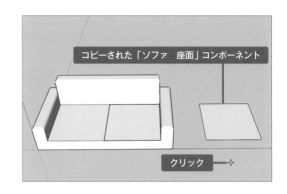

8 拡張ツールセットから [ズーム] ツールを選択し、コピーしたコンポーネントを拡大する。
 [選択] ツールを選択する。コンポーネントをダブルクリックすると、境界ボックスが表示されてコンポーネントの編集モードになる（**P.076**参照）。

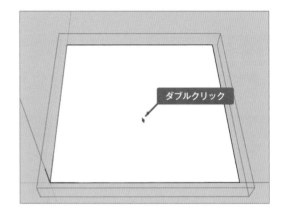

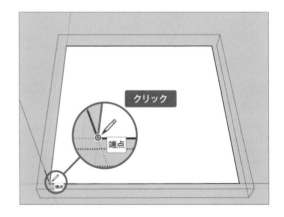

9 3-1の手順 15 ～ 17 と同様にして、正方形の角を40mmの半径で面取りするため、手前の辺上に左端点から40mmの補助線を作成する。
ツールバーから [線] ツールを選択し、正方形の左手前の角で 端点 と表示される位置をクリックする。

10 カーソルを右方向に移動し、 エッジ上 と表示されたら（クリックしない）、キーボードから半角数字で「40」と入力して Enter キーを押す。

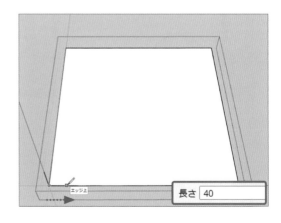

11 拡張ツールセットから [2点円弧] ツールを選択する。手順 **10** で作成した40mmの線の右端点をクリックする。カーソルを正方形の左辺に移動し、円弧がピンク色で仮表示された状態で、 頂点で接線 と表示される位置をダブルクリックする。正方形の角が半径40mmの円弧で面取りされる。

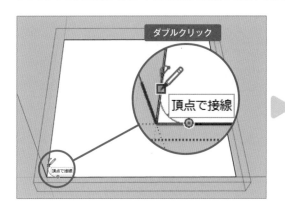
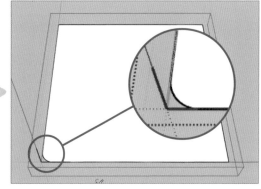

Hint 角の線が残ってしまったときの対処

角の線が残ってしまったときは、そのまま手順 **12** を行って他の3カ所の角を面取りしたあと、 [選択] ツールで残った角の線をそれぞれ選択して Delete キーで削除する。

12 [2点円弧] ツールを選択したまま、他の3カ所の角をそれぞれダブルクリックする。正方形の四隅の角が40mmの円弧で面取りされる。

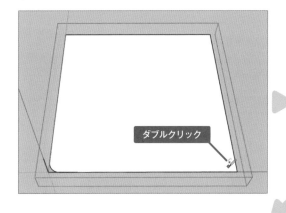
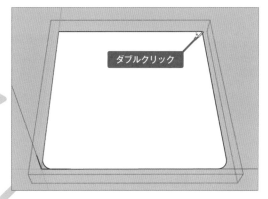

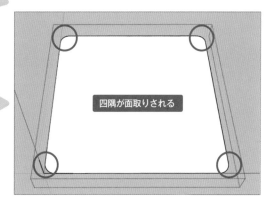

13 ツールバーから 🔲 ［プッシュ/プル］ツールを選択する。正方形の面をクリックし、カーソルを上方向に移動する。

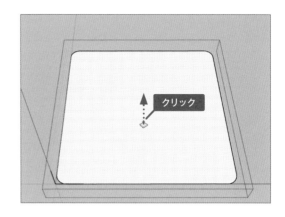

14 キーボードから半角数字で「200」と入力して **Enter** を押す。高さが200mmの立体となる。

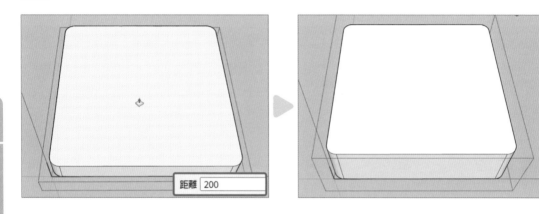

15 立体の上面の辺を面取りする。まず、立体の断面を表示するために、上面の中央に線を作成する。

ツールバーから ✏ ［線］ツールを選択し、左辺の ［中点］ と表示される位置をクリックしてカーソルを赤軸右方向に移動し、右辺の ［中点］ と表示される位置をクリックする。立体の上面中央に線が作成され、面が分割される。

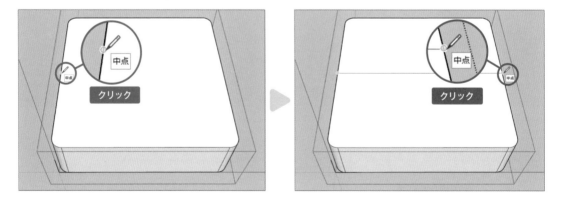

16 手順15で作成した線の手前の面をクリックする。カーソルを下方向に移動し、面上と表示される位置でクリックする。立体の手前半分が面だけになり、奥の立体の断面が表示される。

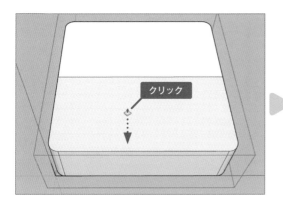

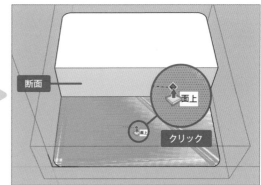

17 [オービット] ツールや [ズーム] ツール、[パン表示] ツールなどを用い、断面が正面となる視点に変更する。

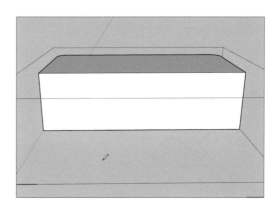

18 ツールバーから [線] ツールを選択し、正面左上角で 端点 と表示される位置をクリックする。カーソルを右方向に移動し、エッジ上 と表示されたら（クリックしない）、キーボードから半角数字で「30」と入力して Enter キーを押す。正面の左上角から30mmの線が作成される。

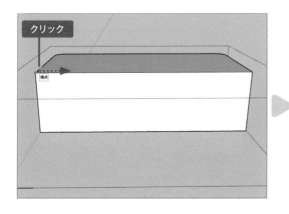

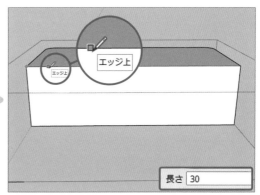

長さ 30

19 拡張ツールセットから 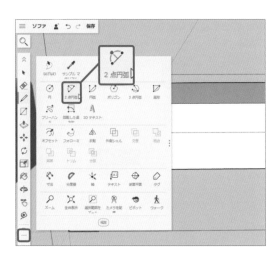［2点円弧］ツールを選択する。

20 手順 **18** で作成した線の右端点をクリックする。カーソルを正面の左辺に移動し、[頂点で接線]と表示される位置でダブルクリックする。半径30mmの円弧が作成される。

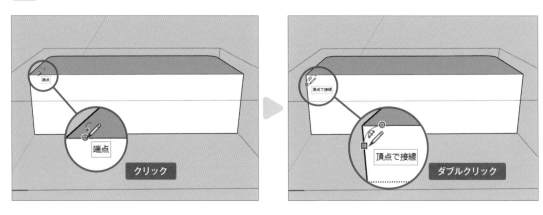

21 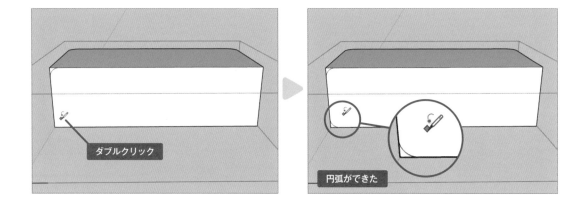［2点円弧］ツールを選択したまま、正面左下角をダブルクリックする。左下角にも円弧が作成される。

22 ツールバーから ⊕ ［オービット］ツールを選択し、図のように立体の上面が見える視点に変更する。
拡張ツールセットから 😊 ［フォローミー］ツールを選択する。正面左上の円弧と角の間の面をクリックし、上面の
辺をなぞるようにカーソルを移動し、終点として正面右上の ［端点］ と表示される位置でクリックする。立体の上面の3辺が
丸く面取りされる。

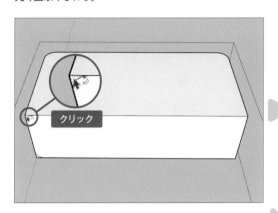
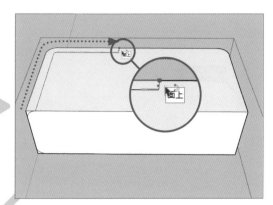

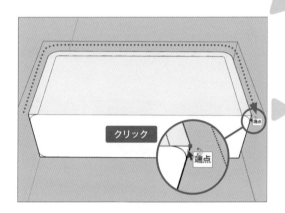
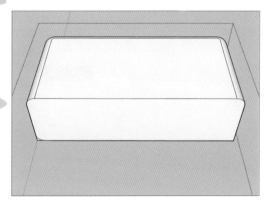

Section
2

ソファのクッションを
作成する

23 手順22と同様にして、立体の下面の辺も面取りする。

ツールバーから 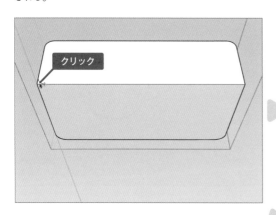 [オービット] ツールを選択し、図のように立体の下面が見える視点に変更する。

拡張ツールセットから 🞄 [フォローミー] ツールを選択する。正面左下の円弧と角の間の面をクリックし、下面の辺をなぞるようにカーソルを移動し、終点として正面右下の 端点 と表示される位置でクリックする。立体の下面の3辺が丸く面取りされる。

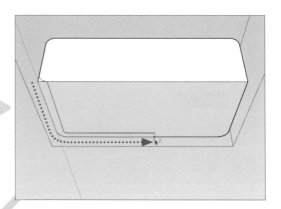

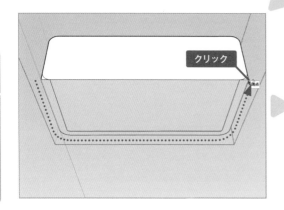

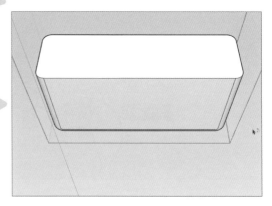

24 反転コピーして立体を元の大きさに戻す。

図のように立体の右側面が見える視点に変更する。ツールバーから ▶ [選択] ツールを選択し、手順22〜23で面取りした立体のいずれかの面をトリプルクリックして立体全体を選択する。

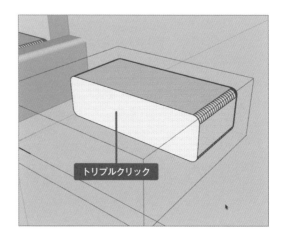

25 拡張ツールセットから 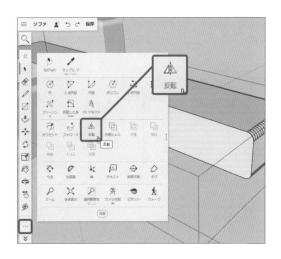 [反転] ツールを選択する。 Ctrl キーを押してコピーモードにする。

26 緑色の面（反転軸となる面）をドラッグし、立体の正面右辺の中点付近にカーソルを合わせ、水色の丸い点（中点）が表示される位置まで移動する。

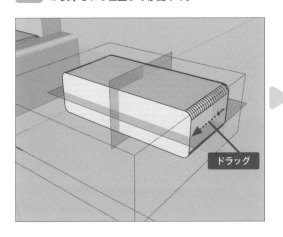

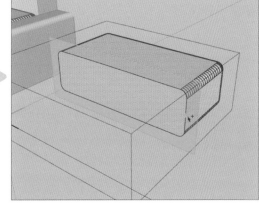

27 マウスボタンを放すと、緑色の面を軸に立体が反転コピーされる。

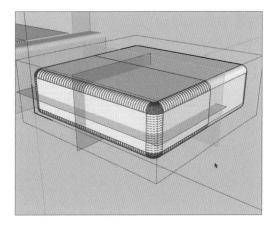

28 立体の中央、断面部分にある隠れた面を削除する。
図のように立体の上面が見える視点に変更する。ツールバーから 🖈 [選択] ツールを選択する。窓選択で中央部分を囲むと、隠れた面が選択される。

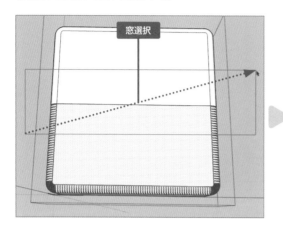

29 Delete キーを押すと、立体中央の隠れた面が削除される。

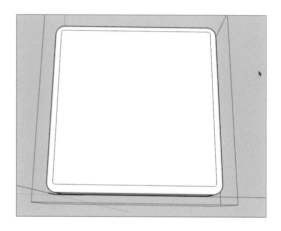

30 立体の余分な線を非表示にする。
パネルバーの 🔲 [スタイル] をクリックし、表示される [スタイル] パネルで、🔲 [参照] をクリックする。[デフォルトのスタイル] ―［ワイヤフレーム］を選択すると、立体が線のみ（ワイヤフレーム）の表示になる。

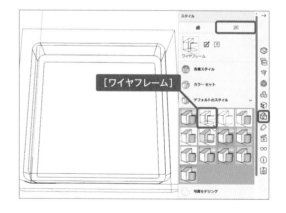

Chapter 3 ソファをモデリングする

31 ▶ [選択] ツールで、窓選択で立体全体を囲む。

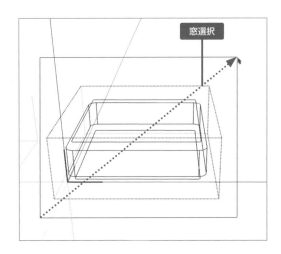

窓選択

32 選択された立体を右クリックし、表示されるコンテキストメニューから [非表示] を選択する。立体の線（フレーム）が非表示になる。

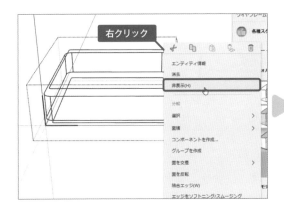

右クリック

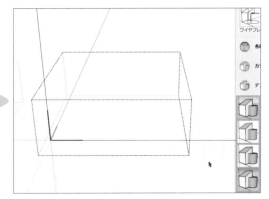

33 [スタイル] パネルで 🏠 [モデル内] をクリックし、[建築デザイン　スタイル] を選択する。立体が面で表示される。

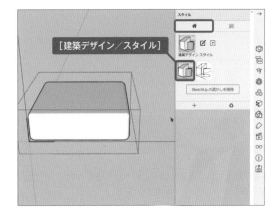

[建築デザイン／スタイル]

📄 ここまでのデータ
3-2-33.skp

34 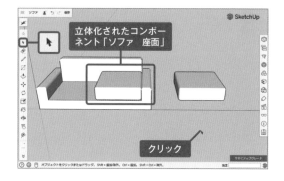 [選択] ツールで、エンティティのない位置でクリックし、コンポーネントの編集モードを終了する。ソファの台座が表示される。

立体全体が見えるように縮小表示し、台座上にあるコンポーネント「ソファ　座面」も立体化されていることを確認する。これで座面用クッションが完成した。

35 ソファの台座の右側に作成した座面用クッションを利用して、背もたれ用クッションを作成する。ツールバーから 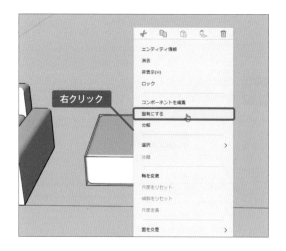 [選択] ツールを選択する。背もたれ用クッションになる右側のコンポーネントを右クリックし、表示されるコンテキストメニューから [固有にする] を選択する。これにより、右側のコンポーネントに変更を加えてもソファの台座上のコンポーネントには変更が反映されなくなる。

Hint　[固有にする] の機能とは？

コンポーネント化した立体やエンティティを複数コピーした場合、1つを変更すると、他のコンポーネントにもその変更が反映される。しかし、[固有にする] にしたコンポーネントは、その変更が反映されなくなる。

36 再度、右側のコンポーネントを右クリックし、表示されるコンテキストメニューから [エンティティ情報] を選択する。

37 [エンティティ情報] パネルが表示される。[定義] を「ソファ　座面#1」から「ソファ　背面」に変更して Enter キーを押す。パネルの右上の「×」をクリックして [エンティティ情報] パネルを閉じる。

38 図のように、コンポーネント「ソファ　背面」の
上面が見える視点に変更する。
パネルバーの ∞ [表示] をクリックする。表示される [表
示] パネルで [非表示ジオメトリ] の [オン/オフ] スイッ
チを [オン] にする。通常は表示されていないエッジが
表示される。

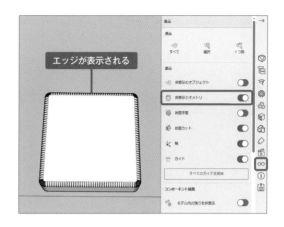

39 コンポーネントをダブルクリックしてコンポーネントの編集モードにする。図のようにコンポーネントの奥部分を
囲んで窓選択する。奥のエッジのみが選択される。

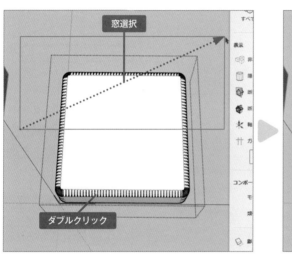
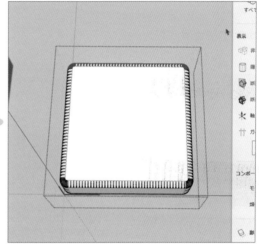

Section
2
ソファのクッションを
作成する

40 ツールバーから ✛ [移動] ツールを選択し、移動の基点となる任意の位置をクリックする。カーソルを緑軸手前方
向に移動し、キーボードから半角数字で「300」と入力して **Enter** を押す。クッションの縦（奥行き）の寸法が
400mmに変更される。

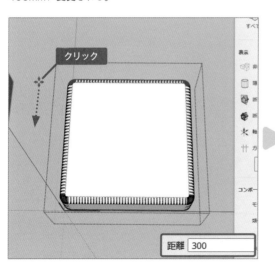
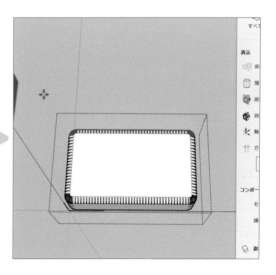

41 ツールバーから ▶ [選択] ツールを選択し、エンティティのない位置でクリックする。コンポーネントの編集モードが終了する。

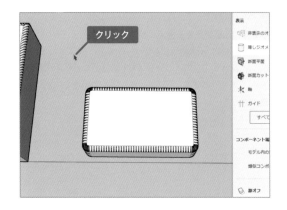

42 [非表示ジオメトリ]の[オン/オフ]スイッチを[オフ]にする。

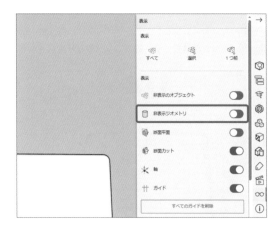

43 コンポーネント「ソファ　背面」の右側面が見える視点に変更する。
ツールバーから ✛ [移動] ツールを選択し、コンポーネントの右側面奥の「+」マークにカーソルを合わせる。図のようにカーソルが ↻ [回転] ツールに変化し、赤い分度器マークが表示される位置でクリックする。

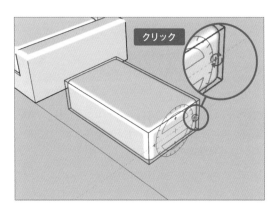

44 コンポーネントを起こすようにカーソルを上方向に移動する。キーボードから半角数字で「75」と入力して Enter キーを押す。

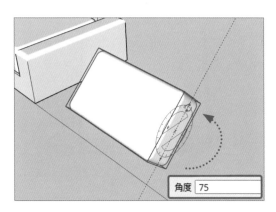

45 コンポーネントが反時計回りに75度回転する。
背もたれ用クッションが完成した。

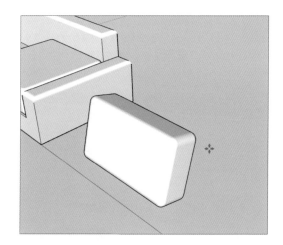

📄 ここまでのデータ
3-2-45.skp

46 背もたれ用クッション（コンポーネント「ソファ
背面」）をソファの台座上に移動する。
背もたれ用クッションを正面から見た視点に変更する。
ツールバーから [選択]ツールを選択し、背もたれ用クッ
ションをクリックする。
ツールバーから [移動] ツールを選択する。移動の基
点を指定するため、コンポーネントの正面左下角にカーソ
ルを移動し、 ソファ　背面のコーナー と表示される位置でク
リックする。

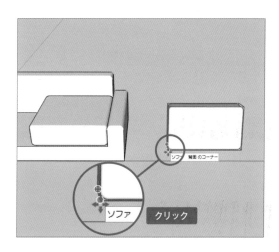

47 カーソルを台座のコンポーネントの中央付近に移動し、 中点（ソファ　台座） と表示される位置でクリックする。背も
たれ用クッションが台座の上に移動する。

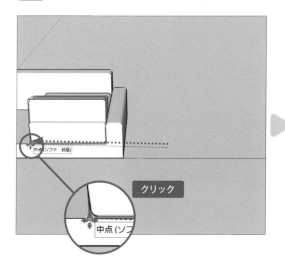

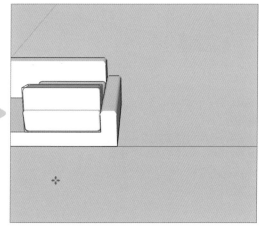

48 ソファの右側面が見える視点に変更する。[移動]ツールで、移動の基点として手前のひじ掛けの面で［面上（ソファ 台座）］と表示される位置でクリックする。カーソルを青軸上方向に移動し、キーボードから半角数字で「200」と入力して Enter キーを押す。背もたれ用クッションが上方向に200mm移動し、座面用クッションの上に配置される。

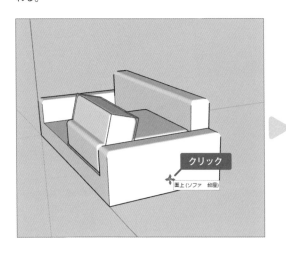
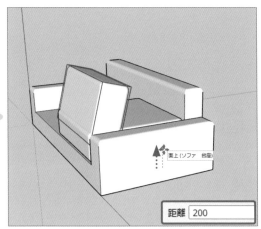

49 再度、移動の基点として手前のひじ掛けの面で［面上（ソファ 台座）］と表示される位置でクリックする。緑軸右方向（奥方向）にカーソルを移動し、キーボードから半角数字で「440」と入力して Enter キーを押す。背もたれ用クッションがソファ奥方向に440mm移動し、ソファの背面と接するように配置される。

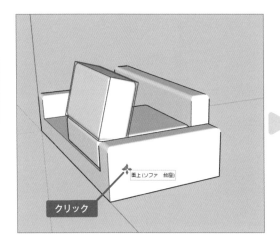
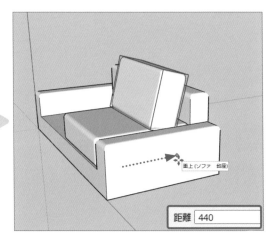

50 クッションの位置を調整し、コピーして仕上げていく。

ツールバーから[選択]ツールを選択し、座面用クッション（コンポーネント［ソファ 座面］）をクリックする。

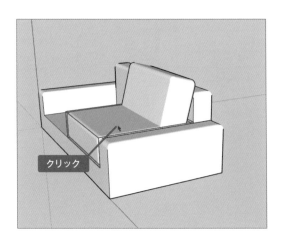

51 ツールバーから 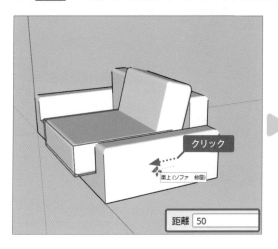 [移動] ツールを選択し、移動の基点として、手前のひじ掛けの面で 面上(ソファ 台座) と表示される位置でクリックする。カーソルを緑軸左方向（手前方向）に移動し、キーボードから半角数字で「50」と入力して Enter キーを押す。座面用クッションがソファ手前方向に50mm移動する。

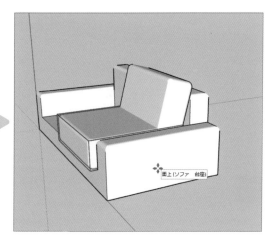

52 ソファ正面の視点に変更する。
ツールバーから 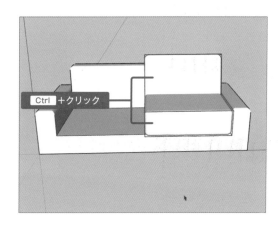 [選択] ツールを選択する。
Ctrl キーを押しながら座面用クッションと背もたれ用クッションをクリックし、両方を選択する。

53 ツールバーから 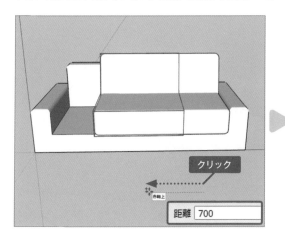 [移動] ツールを選択し、 Ctrl キーを押してコピーモードにする。任意の位置をクリックして赤軸左方向にカーソルを移動する。キーボードから半角数字で「700」と入力して Enter キーを押す。座面用クッションと背もたれ用クッションが左側700mmの位置にコピーされる。

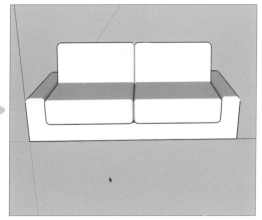

54 ツールバーから[選択]ツールを選択する。原点横にある人物コンポーネントをクリックし、キーボードから Delete キーを押す。人物コンポーネントが削除される。

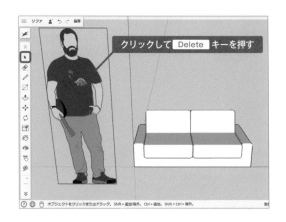

55 座面用クッションと背もたれ用クッションが設置されたソファが完成した。

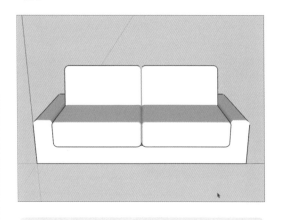
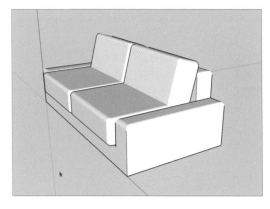

ここまでのデータ
3-2-55.skp

56 作成したソファの脚や台座、座面のマテリアルを変更することで色々なバリエーションのソファを簡単に作成できる（**P.071**参照）。

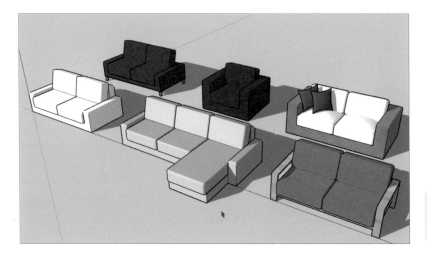

ここまでのデータ
3-2-56.skp

Chapter

4

住宅の
モデルを
作成する

実践的なモデリング操作を学ぶ

本章では、シンプルな平屋住宅をモデリングします。
まず間取りを作成し、開口部、サッシやドアなどの建具、
玄関、屋根という順で作成します。
やや細かな作業が多くなりますが、
完成する頃には、一通りの操作が身についているはずです。

Chapter 4で作成するモデル

 本章で使用するすべての作例ファイルは、
教材データの「chapter4」フォルダに収録されています。

最終完成画像　　 最終完成ファイル
4_kansei.skp

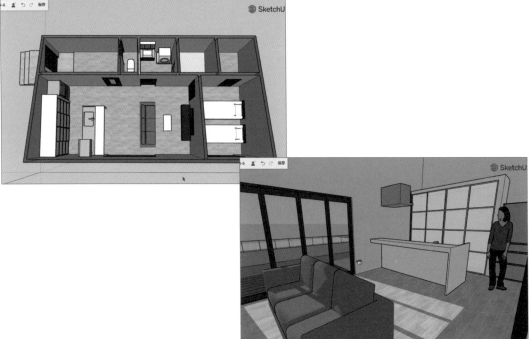

間取りの基準となるガイドラインを作成し、それを元に間取りや厚みのある壁を作成する。あらかじめ間取りが決まっている場合に、壁を効率的に作成できる方法だ。ここでは 端点 や 交差 などの推定点の使い方、ダブルクリックや Shift キーを使った選択などの操作に慣れていただきたい。

1 [ホーム] 画面の [新規作成] ボタン右の [―] をクリックし、表示されるメニューから [10進数 - ミリメートル] を選択する。無題のファイルが作成される。

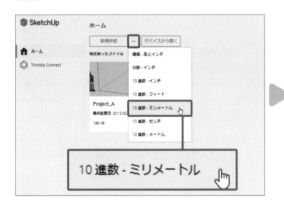
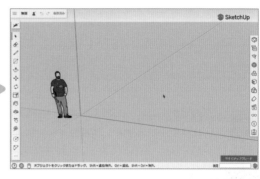

2 原点の左横にある人物コンポーネントは不要なので削除する。

[選択] ツールを選択し、原点の左横にある人物コンポーネントをクリックする。 Delete キーを押すと、人物コンポーネントが削除される。

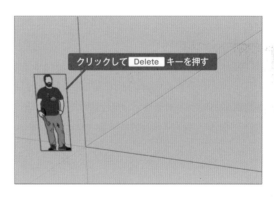

3 まず、部屋の間取りを作成する。作図の補助線として、縦横910mm間隔のガイドラインを作成する。

[メジャー] ツールを選択する。緑軸をクリックし、カーソルを赤軸右方向に移動すると、クリックした位置からカーソルまでの軌跡が赤い点線で表示される。キーボードから「910」と入力し、 Enter キーを押す。緑軸と平行なガイドラインが緑軸から右に910mm離れた位置に作成される。

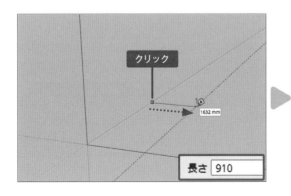
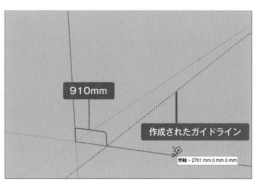

4 手順 **3** と同様にして、赤軸から910mm離れた位置に平行なガイドラインを作成する。

[メジャー] ツールで赤軸をクリックし、カーソルを緑軸奥方向に移動すると、クリックした位置からカーソルまでの軌跡が緑の点線で表示される。キーボードから [910] と入力し、 Enter キーを押す。赤軸と平行なガイドラインが赤軸から910mm離れた位置に作成される。

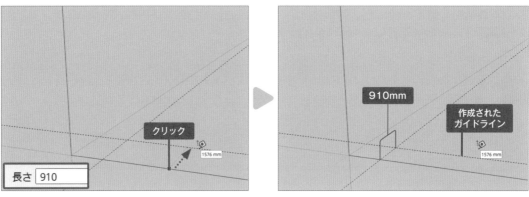

5 手順 **3** ～ **4** で作成したガイドラインをコピーする。

[移動] ツールを選択し、 Ctrl キーを押してコピーモードにする。緑軸に平行なガイドライン上で 線上 と表示される任意の位置をクリックし、カーソルを赤軸右方向に移動すると、クリックした位置からカーソルまでの軌跡が赤い点線で表示される。キーボードから「910」と入力して Enter キーを押す。

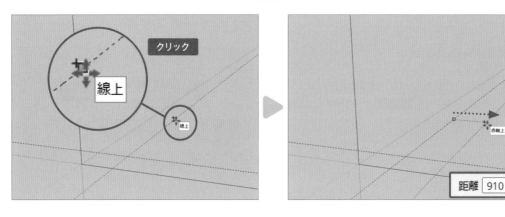

6 緑軸と平行なガイドラインが、基のガイドラインから右上910mm離れた位置にコピーされる。

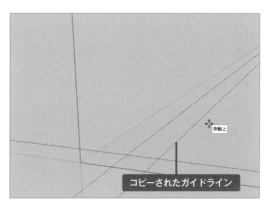

7 続けてキーボードから半角数字で「12x」と入力し、 Enter キーを押す。緑軸と平行なガイドラインが910mmの
間隔で合計12本コピーされる。

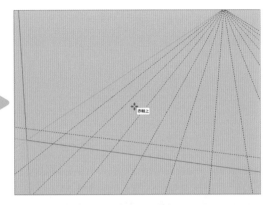

Hint 連続でエンティティをコピーする（配列複写）

エンティティを同じ間隔で、複数個連続してコピー（配列複写）するには、1回コピーした直後にキーボードから半角
数字で「個数x」または「x個数」と入力する（**P.060**参照）。

8 手順 **5** ～ **7** と同様にして、コピーモードの ⊕ ［移動］ツールで赤軸に平行なガイドラインの任意の位置をクリッ
クし、カーソルを緑軸奥方向に移動すると、クリックした位置からカーソルまでの軌跡が赤い点線で表示される。
キーボードから「910」と入力して Enter キーを押すと、赤軸と平行なガイドラインが基のガイドラインから奥に910mm
離れた位置にコピーされる。続けてキーボードから半角数字で「8x」と入力し、 Enter キーを押す。

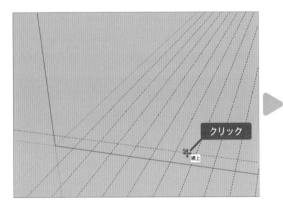

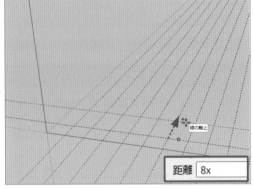

9 赤軸と平行なガイドラインが910mmの間隔で合
計8本コピーされる。これで間取りの作成に必要
なガイドラインが作成された。

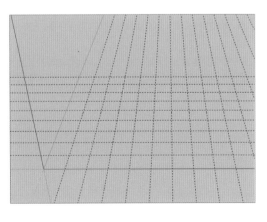

10 パネルバーの 🖼 [シーン] を選択する。表示される [シーン] パネルで [標準ビュー] をクリックして展開し、ビューリストから [プランビュー（上）] を選択する。
真上からの視点に変更される。

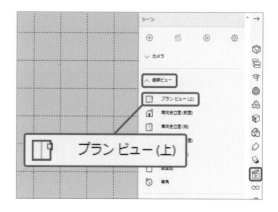

11 ガイドラインが正確に作成されているか確認するために、まず横の寸法を記入してみる。⟡ [寸法] ツールを選択し、緑軸、赤軸ともに原点から1本目のガイドラインの交点で 交差 と表示される位置をクリックする。そのままカーソルを赤軸右方向に移動し、赤軸から1本目と緑軸から12本目のガイドの交点で 交差 と表示される位置をクリックする。

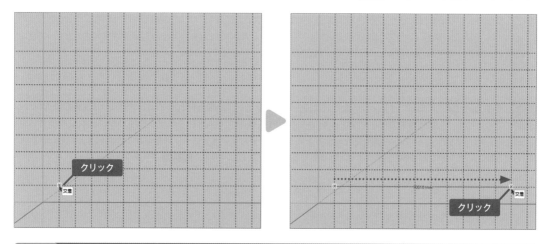

Hint ［交差］スナップ

交差 と推定点が表示される機能を［交差］スナップと呼ぶ。［交差］スナップが表示される位置をクリックしないと正確な寸法を記入できないので慎重にクリックする。

12 カーソルを緑軸下方向に移動し、任意の位置でクリックすると、寸法が記入される。このとき、寸法値が910mmの11倍の「10010mm」と表示されていれば、縦のガイドラインが正確に作成されている。

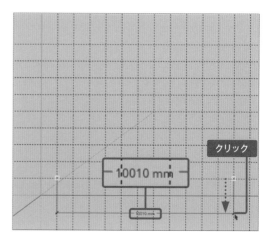

13 手順 **11** ～ **12** と同様にして、縦方向の寸法を入力してみる。
原点から右に1本目、上に1本目のガイドラインの交点で 交差 と表示される位置をクリックする。そのままカーソルを緑軸上方向に移動し、原点から右に7本目、上に1本目のガイドラインの交点で 交差 と表示される位置をクリックする。

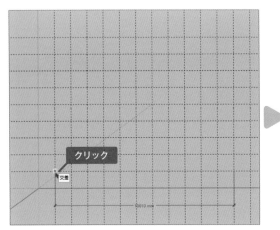

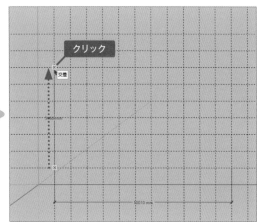

14 カーソルを赤軸左方向に移動し、任意の位置でクリックすると寸法が記入される。このとき、寸法値が910mmの6倍の「5460mm」と表示されていれば、横のガイドラインが正確に作成されている。

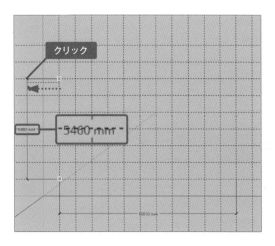

15 通り芯（壁や柱の中心を通る線）となるガイドラインが完成した。

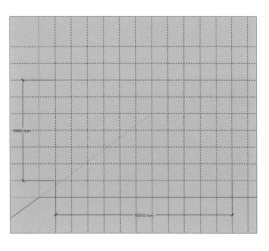

Hint 日本の住宅の基準寸法は910mm

日本の住宅では、昔から基準寸法を「910mm＝3尺」とする「尺モジュール」が使われている。モジュールとは、住宅の設計や建築の際に基準となる寸法のことで、設計図では910mm（3尺）×910mm（3尺）を1マスと呼ぶ。

16 外壁線を作成する。 □ [長方形] ツールを選択する。始点として、原点から右に1本目、上に1本目のガイドライン
の交点で 交差 と表示される位置をクリックする。続けて終点として、原点から右に12本目、上に7本目のガイドラ
インの交点で 交差 と表示される位置をクリックする（始点と終点の間をドラッグしてもよい）。長方形が作成される。

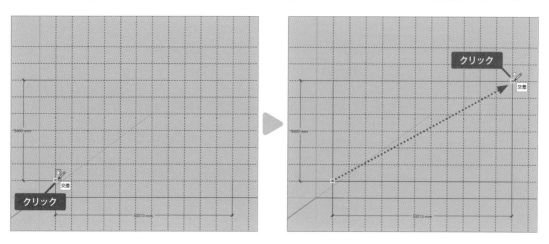

17 □ [オフセット] ツールを選択する。手順 **16** で作成した長方形の面をクリックし、カーソルを上方向（長方形の
外側）に移動する。キーボードから「60」と入力して **Enter** キーを押す（「60」は壁の厚み120mmの半分を意
味している）。

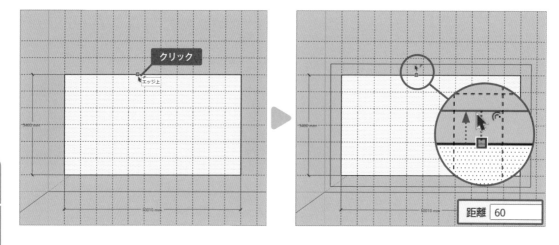

18 長方形から外側に60mm、オフセットされた線が
作成される。

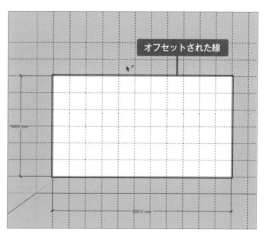

19 オフセットの基になった線のみを削除する。

[選択] ツールを選択する。手順 16 で作成した長方形の面をダブルクリックすると、長方形とオフセットされた線が選択される。このときガイドラインをクリックしないように注意する。

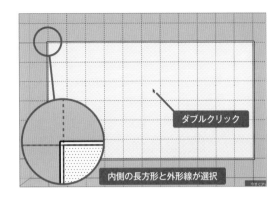

ダブルクリック

内側の長方形と外形線が選択

20 Shift キーを押しながら、手順 16 で作成した長方形の面をクリックすると、選択されていた長方形の面が選択解除され、手順 18 でオフセットの基になった線のみが選択された状態になる。 Delete キーを押してこの線を削除すると、外壁線が作成される。

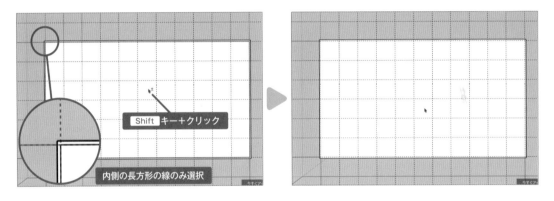

Shift キー＋クリック

内側の長方形の線のみ選択

21 この後作成する部屋の間取りの面と干渉しないように、手順 20 で選択した外壁線を移動しておく。

[選択] ツールを選択し、外壁線の面をダブルクリックして選択する。 [移動] ツールを選択し、移動の開始点として、原点から右に13本目、上に1本目のガイドラインの交点で 交差 と表示される位置をクリックする（左図）。移動先の点として、原点から右に13本目、上に8本目のガイドラインの交点で 交差 と表示される位置をクリックする（右図）。外壁線が上に7コマ分移動する。

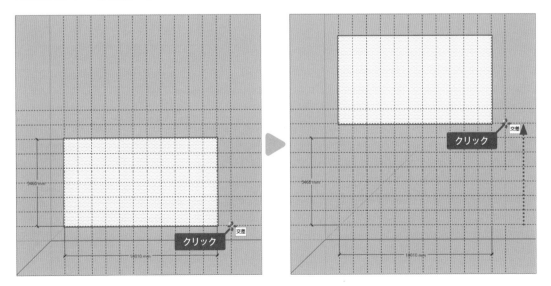

クリック

交差

クリック

22 間取り（部屋ごとの壁面）を作成する。 ▱ ［長方形］ツールを選択する。手順 **16** と同様にガイドラインの交点を利用し、左図の位置に縦2マス×横4マスの長方形を作成する。
続けて、右図のように合計7つの長方形を作成する。

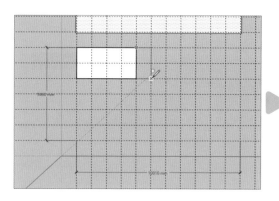 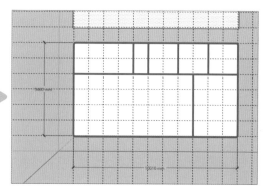

23 部屋の内側の壁を作成する。
⬀ ［オフセット］ツールを選択する。左上の長方形をクリックし、カーソルを下方向（長方形の内側）に移動する。キーボードから「60」と入力して **Enter** キーを押す。
長方形が内側に60mmオフセットされる。

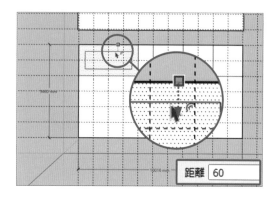

距離 60

24 手順 **23** と同様にして、ほかの6つの長方形もそれぞれ内側に60mmオフセットする。

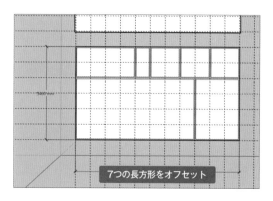

7つの長方形をオフセット

25 手順 **23** ～ **24** でオフセットした内側の長方形のみを残し、それ以外の面と外形線を削除する。
▸ ［選択］ツールを選択する。いずれかの長方形（ここでは左下の長方形）の面をトリプルクリックすると、この長方形に接しているすべての面と線が選択される。

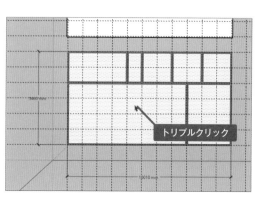

トリプルクリック

26 続いて、 Shift キーを押しながらいずれかの長方形（ここでは左下の長方形）の面をダブルクリックすると、その長方形の面と外形線が選択解除される。このとき、ガイドラインをダブルクリックしないように注意する。同様にして、ほかの6つの長方形もダブルクリックすると、手順順 23 〜 24 でオフセットした内側の長方形がすべて選択解除された状態となる。

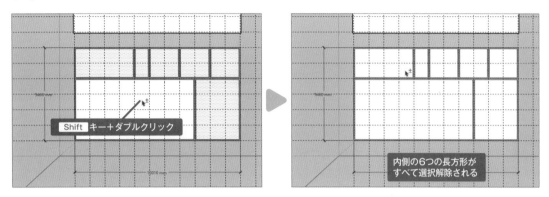

27 Delete キーを押すと、手順 23 〜 24 でオフセットした内側の長方形だけが残り、それ以外の面と外形線が削除される。
部屋の間取りが作成される。

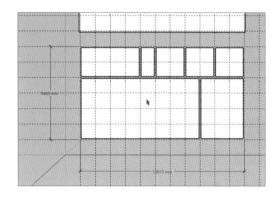

28 手順 21 で上方向に移動しておいた外壁線を部屋の間取りに重ねる。
[選択] ツールで外壁線の面をクリックして選択する。[移動] ツールを選択する。移動の開始点として原点から右に13本目、上に8本目のガイドラインの交点で 交差 と表示される位置をクリックする（左図）。移動先の点として原点から右に13本目、上に1本目のガイドラインの交点で 交差 と表示される位置をクリックする（右図）。

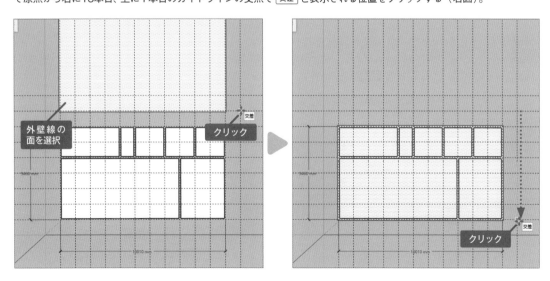

29 部屋の間取りの上に外壁線が重なり合成され、壁の面が作成される。

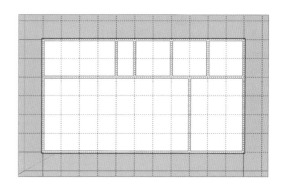

30 壁を立体にする。
高さがわかるように、図のように右斜め上からの視点に変更する。⬇[プッシュ/プル]ツールを選択し、外壁の面をクリックする。

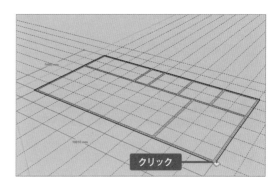

31 カーソルを上方向に移動し、キーボードから「2400」（部屋の天井の高さ）と入力して Enter キーを押す。

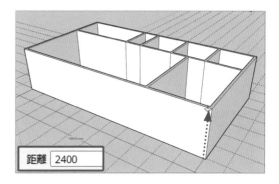

32 図のように下から外壁の面が見える視点に変更する。
⬇[プッシュ/プル]ツールを選択する。外壁の面をクリックし、カーソルを下方向に移動する。キーボードから「600」（地面から床までの高さ）と入力して Enter キーを押す。土台部分が作成される。

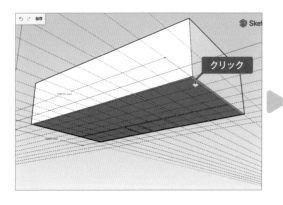
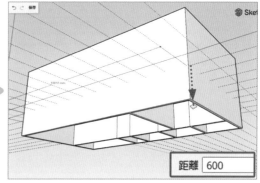

33 手順**31**の視点に戻す。
部屋の間取りと厚みのある壁が完成した。

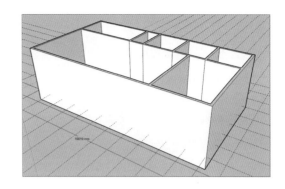

34 メニューバーの［保存］をクリックし、表示される［未使用のアイテムを完全に削除］ダイアログで［はい、完全
に削除する］をクリックする。
表示される［名前を付けて保存］ダイアログで［保存先］のプロジェクトを選択し、［名前］（ここでは「住宅」）を入力して、
［ここに保存］をクリックする。

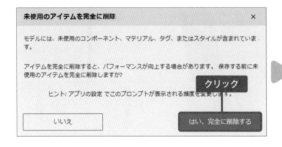

Hint　ファイルの容量を節約する

［はい、完全に削除する］を選択すると、このファイ
ルで使用されていないスタイルやマテリアル、コン
ポーネントなどが削除され、ファイル容量を軽減で
きる。

Hint　ファイルの保存について

SketchUpでは、作業中のデータは5分おきに自動的
に保存される。ただし、現時点のファイルが保存さ
れているかはわかりにくいので、適宜自分で保存す
ることをお勧めする。
また、標準ではファイルはインターネット（Trimble
Connect）に保存される。パソコンに保存したい場
合は、［モデル/環境設定を開く］—［ダウンロード］
—［SKP］を選択し、SKPファイルとして保存する
（**P.024**参照）。

ここまでのデータ
4-1-34.skp

ここでは、住宅の外部建具（サッシ）を作成する。壁の中央に開口部を開ける方法や、開けた開口部に建具を作成する方法、再利用しやすいように建具をコンポーネント化する方法などを解説する。また、建具は、見栄え保ちつつ適度に省略して作成することがコツとなる。

1 部屋の壁に外部建具（サッシ）用の開口部（穴）を開ける。 [オービット] ツールや [ズーム] ツール、 [パン表示] ツールなどを用い、左図の画面右下の部屋の外壁内側が見える視点に変更（回転）する（右図）。

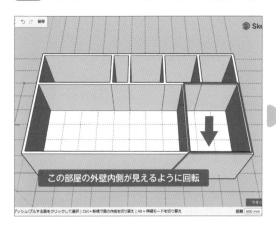
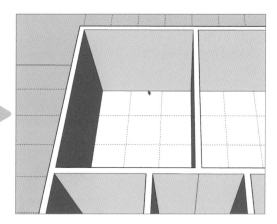

2 [長方形] ツールを選択し、開始点として左図のように壁の下辺中央で 中点 と表示される位置をクリックする。カーソルを面上の右斜め上に移動し、キーボードから「850, 2030」と入力して Enter キーを押す。850×2030mmの長方形が作成される。

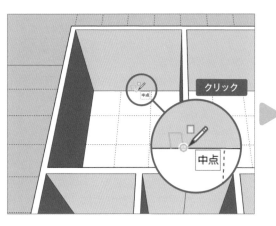
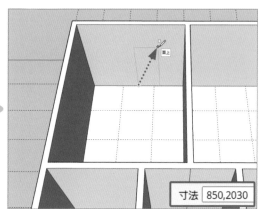

3 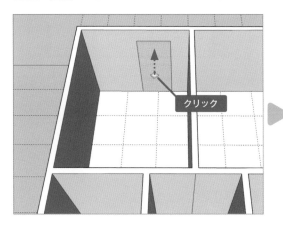 [プッシュ/プル] ツールを選択し、手順 **2** で作成した長方形をクリックする。奥方向にカーソルを移動し、
面上 と表示される位置でクリックする。

4 長方形の面が削除され、壁に開口部（穴）が開く。

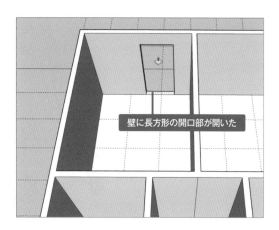

5 開口部の左側面が見える視点に変更する。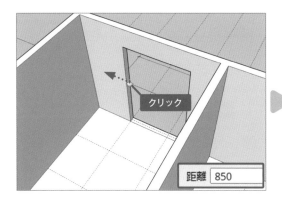 [プッシュ/プル] ツールで、開口部の左側面をクリックし、壁を左
方向に押すようにカーソルを移動する。キーボードから「850」と入力して Enter キーを押す。1700×2030
mmの開口部となる。

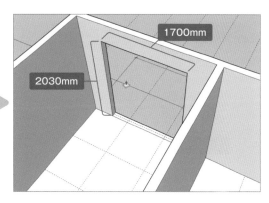

6 図のように、外から開口部が見える視点に変更する。

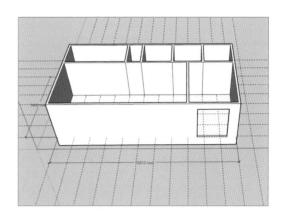

7 外部建具（サッシ）を作成するために、開口部と同じ大きさの面を作成する。
⬚［長方形］ツールを選択し、開口部の手前左下で 端点 と表示される位置と、右上で 端点 と表示される位置をそれぞれクリックする。開口部と同じ大きさの長方形が作成される。

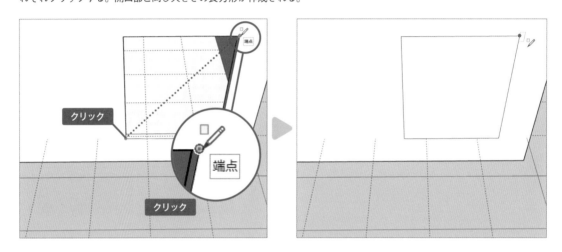

クリック

クリック

端点

8 手順 **7** で作成した長方形の面をダブルクリックして選択する。面を右クリックし、表示されるコンテキストメニューから［コンポーネントを作成］を選択する。

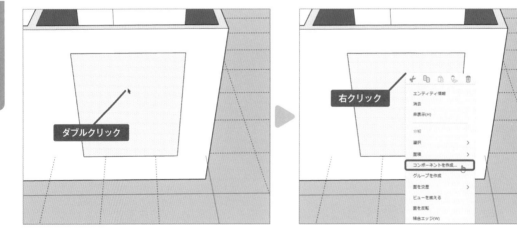

ダブルクリック

右クリック

エンティティ情報
消去
非表示(H)

分解
選択 >
面積 >
コンポーネントを作成...
グループを作成
面を交差 >
ビューを揃える
面を反転
結合エッジ(W)

9 ［コンポーネントを作成］ダイアログが表示されるので、［定義］に名前（ここでは「AW_W1700H2030」）を入力し、［OK］をクリックする。
コンポーネント「AW_W1700H2030」が作成される。

10 作成したコンポーネント「AW_W1700H2030」をダブルクリックし、コンポーネントの編集モードにする。

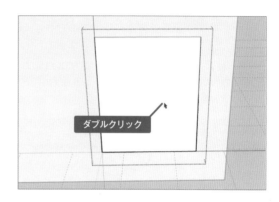

11 パネルバーの ∞ ［表示］をクリックする。表示される［表示］パネルの［コンポーネント編集］─［モデル内の残りを非表示］の［オン/オフ］スイッチを［オン］にする。編集モードのコンポーネント以外の立体やエンティティが非表示になる。

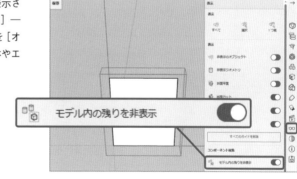

12 ［表示］パネル右上の［×］をクリックし、［表示］パネルを閉じる。

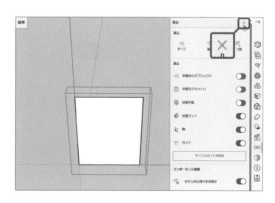

13 長方形が正面に見える視点に変更する。⬚ ［選択］ツールを選択し、長方形の下辺をクリックして選択する。
⬚ ［移動］ツールを選択する。移動の開始点として、左図のように面上の任意の位置をクリックする。カーソルを
下方向に移動し、│青い軸上 外部のアクティブなジオメトリ│と表示されたら、キーボードから「30」と入力して Enter キーを押す。
長方形が30mm下に移動する。

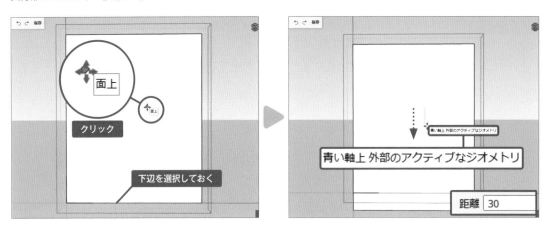

14 ⬚［オフセット］ツールを選択し、長方形の上辺の│エッジ上│と表示される位置をクリックする。カーソルを下方向（長
方形の内側）に移動し、キーボードから「30」と入力して Enter キーを押す。長方形の内側30mmに長方形がオ
フセットされる。

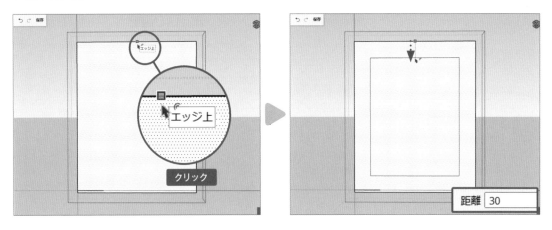

15 ⬚［選択］ツールを選択し、手順 14 でオフセットされた長方形の内側の面をクリックして選択する。 Delete キー
を押すと、面が削除される。これが外部建具（サッシ）の枠となる。

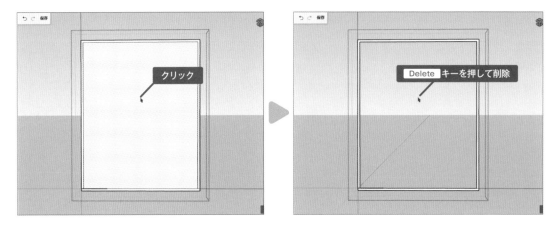

16 左図のように手順**15**で作成した外部建具（サッシ）の枠が斜めから見える視点に変更する。🖱 ［プッシュ／プル］ツールを選択し、外部建具（サッシ）の枠の面をクリックする。奥方向にカーソルを移動し、キーボードから「100」と入力して **Enter** キーを押す。

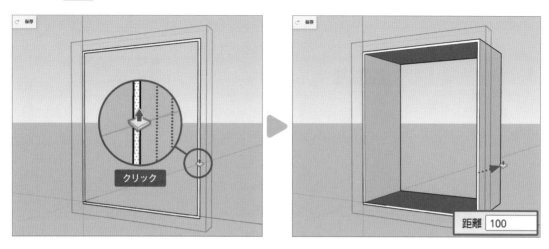

17 外部建具（サッシ）の枠部分が作成できた。

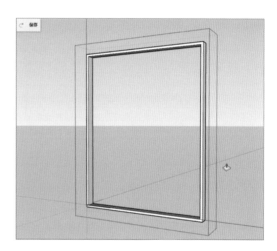

18 次に外部建具（サッシ）の引き戸を作成する。外部建具（サッシ）の枠が正面に見える視点に変更する。⬜ ［長方形］ツールを選択し、枠内側の手前左下角の ［端点］ と表示される位置をクリックする。枠内側の上辺の手前中央で ［中点］ と表示される位置をクリックすると、枠の半分のサイズの長方形が作成される。

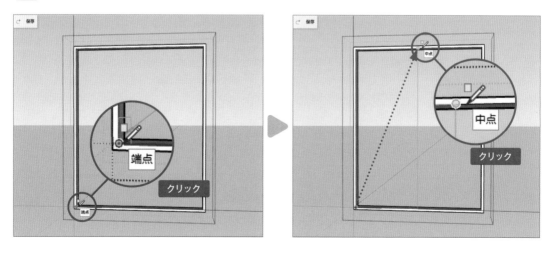

19 手順 **18** で自動的に枠内右側にも長方形が作成される。 [選択] ツールを選択し、右側の長方形をクリックして選択する。 `Delete` キーを押すと、右側の長方形が削除される。

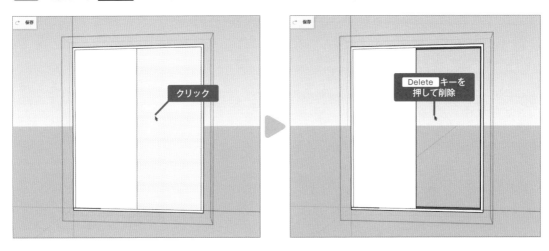

20 [選択] ツールで、左側の長方形の右辺をクリックして選択する。

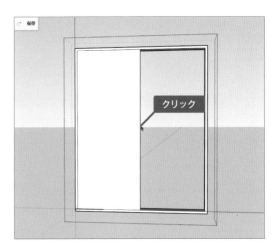

21 [移動] ツールを選択し、移動の開始点として長方形の面上の任意の位置をクリックする。カーソルを右方向に移動し、キーボードから「20」と入力して `Enter` キーを押す。長方形の幅が20mm広くなる。

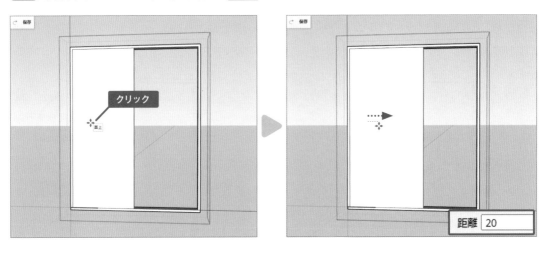

22 [選択] ツールを選択し、長方形の面をダブルクリックして選択する。面を右クリックして表示されるコンテキストメニューから [コンポーネントを作成] を選択する。

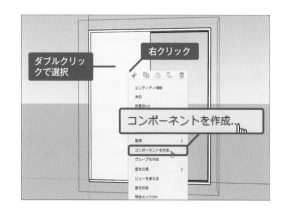

23 [コンポーネントを作成] ダイアログが表示されるので、[定義] に名前 (ここでは 「W840H2000」) を入力して、[OK] をクリックする。引き戸のコンポーネント 「W840H2000」 が作成される。

24 [選択] ツールで、コンポーネント 「W840H2000」 をダブルクリックしてコンポーネントの編集モードにする。コンポーネント 「W840H2000」 以外の立体やエンティティが非表示になる。

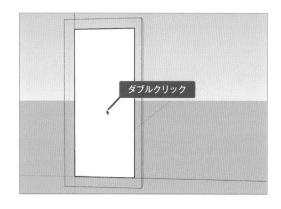

25 [オフセット] ツールを選択し、長方形の上辺の エッジ上 と表示される位置をクリックする。カーソルを下方向 (長方形の内側) に移動し、キーボードから 「40」 と入力して Enter キーを押す。長方形の内側40mmに長方形がオフセットされる。

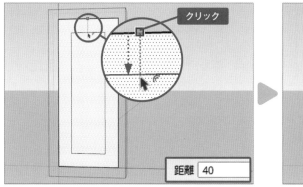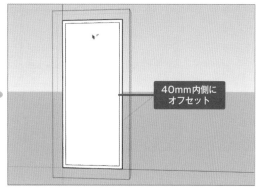

26 左図のように引き戸を右斜め横から見た視点に変更する。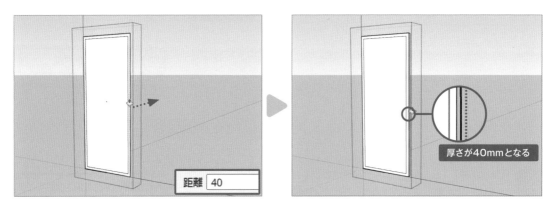[プッシュ / プル] ツールを選択し、引き戸の外側の面をクリックする。カーソルを奥方向に移動し、キーボードから半角数字で「40」と入力して Enter キーを押す。引き戸の厚さが40mmになる。

距離 40

厚さが40mmとなる

27 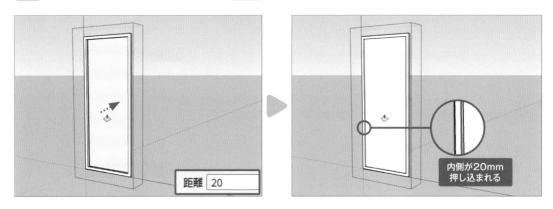[プッシュ / プル]ツールで引き戸の内側の面をクリックし、カーソルを奥方向に移動する。キーボードから「20」（引き戸の厚み40mmの半分）と入力して Enter キーを押す。引き戸の内側の面が20mm押し込まれる。

距離 20

内側が20mm
押し込まれる

28 引き戸の内側の面をガラスにする。
パネルバーの 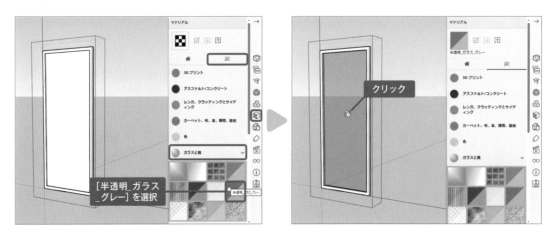 [マテリアル] をクリックして表示される [マテリアル] パネルで、 [参照] ― [ガラスと鏡] ― [半透明_ガラス_グレー] を選択する。
カーソルがバケツアイコンになるので、引き戸の内側の面をクリックする。引き戸の内側の面にガラスのマテリアルが設定される。

[半透明_ガラス
_グレー] を選択

クリック

29 ▶ [選択] ツールを選択し、立体やエンティティが何もない位置でクリックしてコンポーネントの編集モードを終了する。

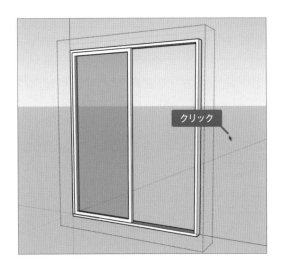

30 手順 **18** 〜 **29** で作成した引き戸のコンポーネント「W840H2000」を奥に移動する。
▶ [選択] ツールを選択し、引き戸をクリックして選択する。
⊕ [移動] ツールを選択し、左図のように任意の位置をクリックし、カーソルを緑軸奥方向に移動する。キーボードから「10」と入力して Enter キーを押す。引き戸のコンポーネント「W840H2000」が10mm奥に移動する。

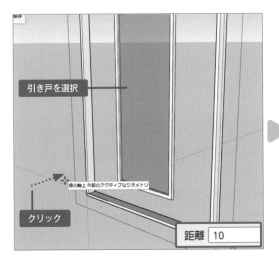

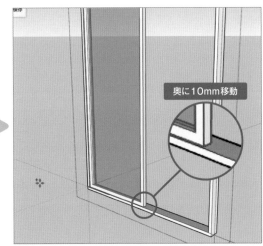

31 右側の引き戸を作成する。
⊕ [移動] ツールのまま、 Ctrl キーを押してコピーモードにする。任意の位置をクリックし、カーソルを緑軸奥方向に移動する。キーボードから「40」と入力して Enter キーを押す。引き戸のコンポーネント「W840H2000」が40mm奥にコピーされる。

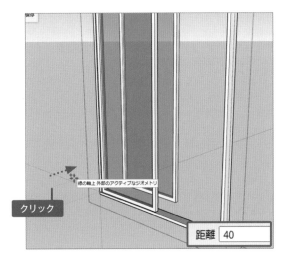

32 [選択] ツールを選択し、手前の引き戸をクリックして選択する。[移動] ツールを選択し、左図のように任意の位置をクリックしてカーソルを赤軸右方向に移動する。キーボードから「800」と入力して Enter キーを押す。引き戸が右方向に800mm移動する。

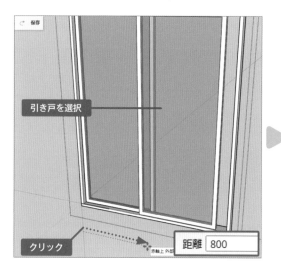

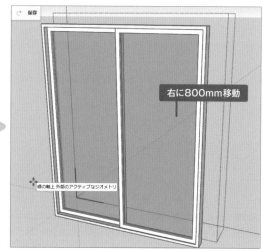

33 [選択] ツールを選択する。窓選択で、外部建具（サッシ）の枠と引き戸全体を囲んで選択する。

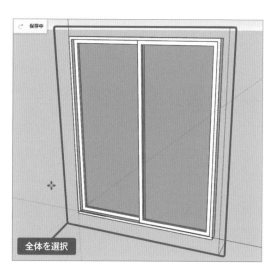

34 [移動] ツールを選択し、開始点として任意の位置をクリックしてカーソルを緑軸手前方向に移動する。キーボードから「20」と入力して Enter キーを押す。枠と引き戸全体が手前に20mm移動する。

[選択] ツールを選択し、立体やエンティティが何もない位置をクリックしてコンポーネントの編集モードを終了する。外部建具（サッシ）だけでなく、部屋などすべてが表示される。

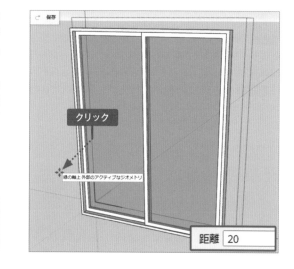

📄 ここまでのデータ
4-2-34.skp

Chapter
4
住宅のモデルを
作成する

35 枠部分に色をつける。パネルバーの 🎨 [マテリアル] をクリックして表示される [マテリアル] パネルで、🔍 [参照] ―[色] ―[色 M07] を選択する。

カーソルがバケツアイコンになるので、枠をクリックすると、枠に色が設定される。

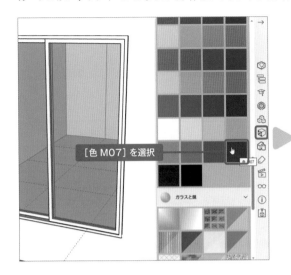

[色 M07] を選択

クリック

36 引き戸の下部分を拡大表示してよく見ると、ジャギー（表面が粗く、薄いグレー）で表示されている。これは引き戸と開口部の壁の面が重なって干渉している部分である。

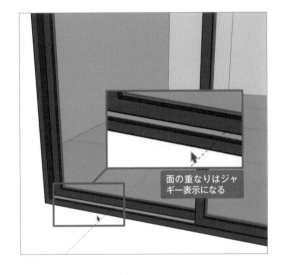

面の重なりはジャギー表示になる

Hint 面の重なり部分は粗く表示される

面が重なっていると表面がジャギー（粗く）表示される。このような場合、重なっている面の一方をずらして重なりを回避する。

37 干渉を解消するために開口部の下の面の一部を下げる。

▶ [選択] ツールを選択する。引き戸を右クリックして表示されるコンテキストメニューから [非表示] を選択する。引き戸が非表示になる。

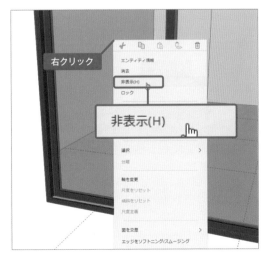

右クリック

非表示(H)

38 開口部の下の面が見える視点に変更する。
✏️ [線] ツールを選択し、開口部の手前左下角で
[端点] と表示される位置をクリックし、カーソルを緑軸奥
方向に移動する。キーボードから「80」と入力して
Enter キーを押す。開口部の手前左下角から80mm（壁
の厚さ120mmの2/3）の線が作成される。

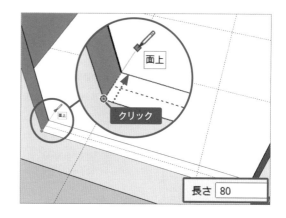

39 手順**38**で作成した80mmの線の奥側、[端点] と表示される位置でクリックする。カーソルを赤軸右方向に移動し、
右図のように [エッジ上] と表示される位置でクリックする。線が作成され、開口部の下の面がこの線によって2つに
分割される。

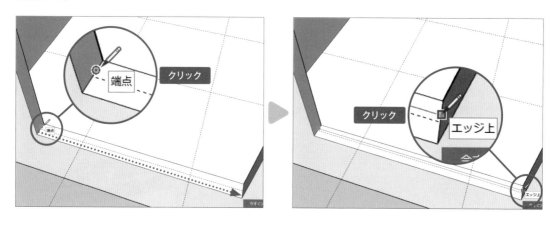

40 👆 [プッシュ/プル] ツールを選択する。開口部の下の分割された手前の面をクリックし、面を押し込むようにカー
ソルを下方向に移動する。キーボードから「30」と入力して Enter キーを押す。分割された手前の面が30mm
下がる。

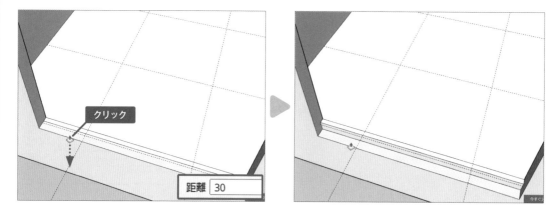

41 パネルバーの ∞ [表示] をクリックし、表示される [表示] パネルの [表示] ― [すべて] をクリックする。非表示
だった引き戸のコンポーネント「W840H2000」が表示されるので、面の重なりが解消されていることを確認する。
右側の部屋に外部建具（サッシ）が作成される。外部建具（サッシ）が完成した。

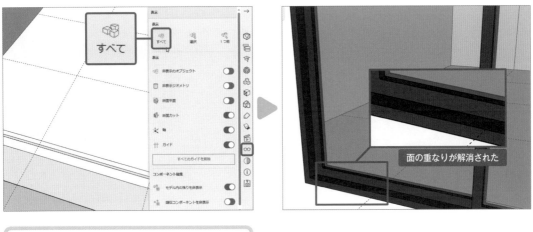

面の重なりが解消された

📄 ここまでのデータ
4-2-41.skp

42 図のような視点に変更（回転）する。手順 **1** ～ **5** と同様にして、ここまで開口部を作成した部屋の右側の部屋の、
左の壁から1420mm離れた位置に2500×2030mmの開口部を作成する（図の寸法を参照）。

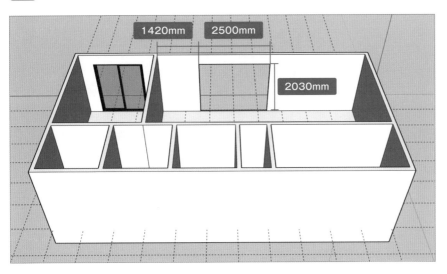

43 図のように、開口部を外側から見た視点に変更する。

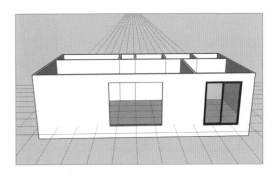

44 メニューバーの ☰ [モデル/環境設定を開く] をクリックし、表示されるメニューから [インポート] ― [自分のデバイス] を選択する。表示される [ファイルのインポート] ダイアログの [自分のデバイス] をクリックする。

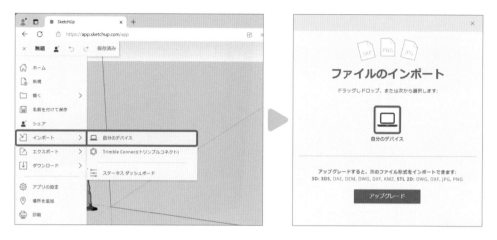

45 表示される [開く] ダイアログで教材データの「AW_W2500H2030.skp」を選択し、[開く] をクリックする。表示される [ファイルのインポート] ダイアログの [コンポーネントとしてインポート] をクリックすると、コンポーネント「AW_W2500H2030」が読み込まれ、描画領域に表示される。

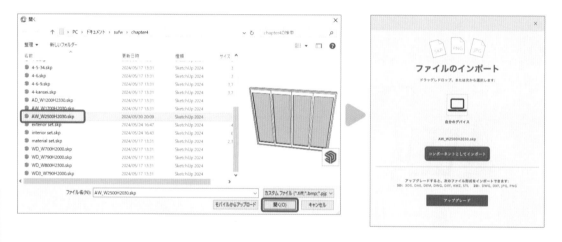

46 読み込まれたコンポーネント「AW_W2500H2030」は、そのまま配置できる状態になっている。手順 **43** で作成した開口部の手前左下角をクリックすると、この位置を基点にコンポーネント「AW_W2500H2030」が開口部に配置される。手順 **35** と同様にして、サッシの枠に [色 M07] のマテリアル（色）を設定する。

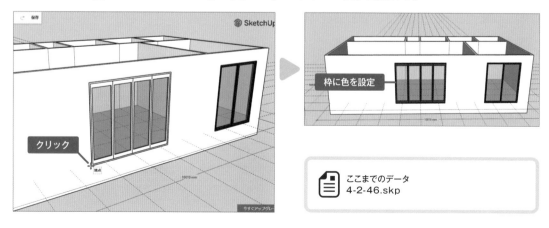

ここまでのデータ
4-2-46.skp

Section 4-3 内部建具(ドア)を作成する

ここから始める
4-3.skp

部屋と部屋とをつなぐ内部建具(ドア)を作成する。見栄えを考えてレバーハンドルも作成するが、パスの作成方法、鏡像の作成方法、ドアへの配置方法などがポイントとなる。ここで解説していない建具は教材データを参考にしていただきたい。

1 🔄 [オービット] ツールや 🔍 [ズーム] ツール、🖐 [パン表示] ツールなどを用い、左斜め上から見た視点に変更する。図に示した部分、**4-2**でサッシを作成した2部屋の間にある間仕切り壁のあたりを拡大表示する。

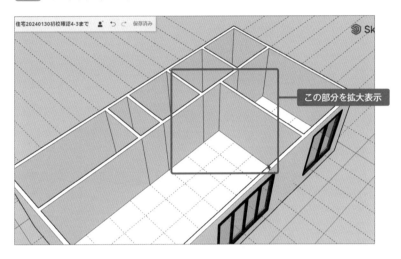

2 内部建具(ドア)を作成するため、まず部屋の壁に開口部(穴)を開ける。
🔲 [長方形] ツールを選択する。壁の左下角の 端点 と表示される位置をクリックし、カーソルを右上方向に移動する。キーボードから「2000, 790」と入力して Enter キーを押す。開口部となる2000×790mmの長方形が作成される。

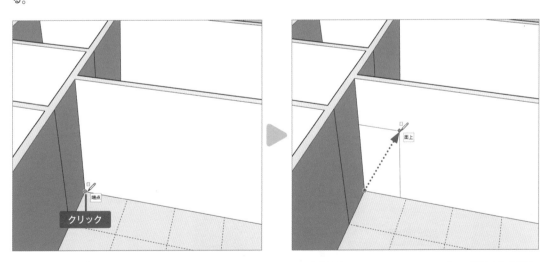

Hint　寸法を指定して長方形を作成するときのコツ

🔲[長方形] ツールで寸法を指定して長方形を作成するとき、縦方向を先に入力するか、横方向を先に入力するか迷った場合は、カーソルを動かした際に測定ツールバーの数値を見て判断すると間違いがない。

143

3 [プッシュ/プル] ツールを選択する。手順 **2** で作成した長方形をクリックして奥方向にカーソルを移動し、面上 と表示される位置をクリックする。壁が長方形にくり抜かれ、開口部が作成される。

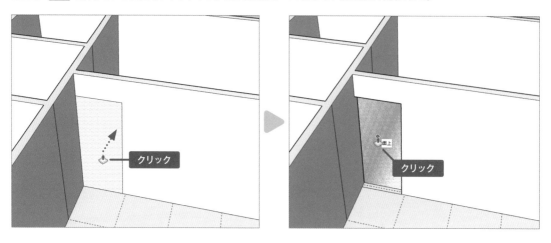

4 ドアのコンポーネントを作成する。
[長方形] ツールを選択する。開口部（長方形）の左上角で 端点 と表示される位置をクリックし、右下角で 端点 と表示される位置をクリックする。開口部と同じ形の長方形が作成される。

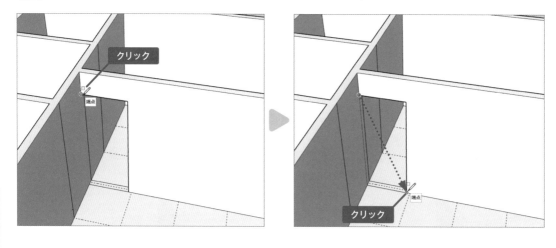

5 [選択] ツールを選択する。手順 **4** で作成した長方形をクリックして選択する。続けて長方形を右クリックして表示されるコンテキストメニューから [コンポーネントを作成] を選択する。

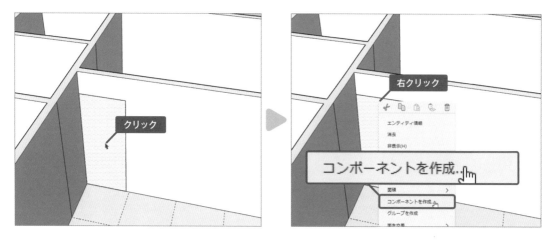

6 表示される[コンポーネントを作成]ダイアログで、[定義]に名前（ここでは「WD_W790H 2000」）を入力して、[OK]をクリックする。ドアのコンポーネント「WD_W790H2000」が作成される。

描画領域で、作成したドアのコンポーネント「WD_W790H2000」をダブルクリックしてコンポーネントの編集モードにする。このドア以外の立体やエンティティが非表示になる。

7 ドア枠を作成する。[オフセット]ツールを選択し、長方形の上辺で エッジ上 と表示される位置をクリックする。カーソルを下方向（長方形の内側）に移動し、キーボードから「15」と入力して Enter キーを押す。長方形が内側に15mmオフセットされる。

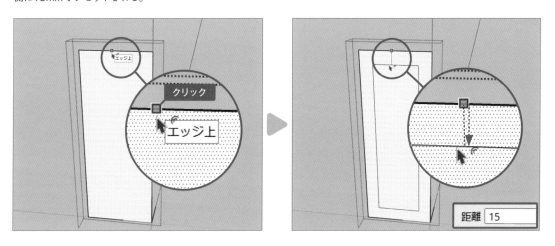

8 [選択]ツールを選択する。手順 7 でオフセットされた長方形の内側の面をクリックして選択し、Delete キーを押す。内側の面が削除され、ドア枠となる面が作成される。

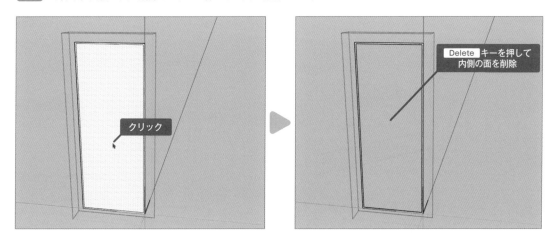

9 ⬚ [プッシュ/プル] ツールを選択する。ドア枠の面をクリックしてカーソルを奥方向に移動し、キーボードから半角数字で「140」と入力して Enter キーを押す。ドア枠の厚みが140mmになる。

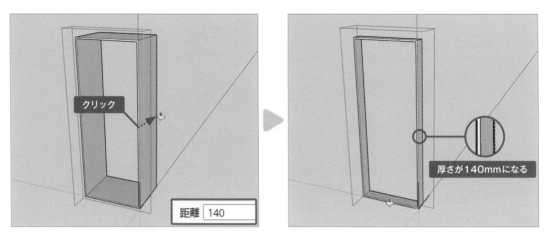

クリック

距離 140

厚さが140mmになる

10 ⬚ [プッシュ/プル] ツールで、ドア枠の下の面をクリックしてカーソルを下方向に移動し、[オフセットの限度 -15mm] と表示される位置をクリックする。ドア枠の下の面の厚みがなくなる（0mmになる）。

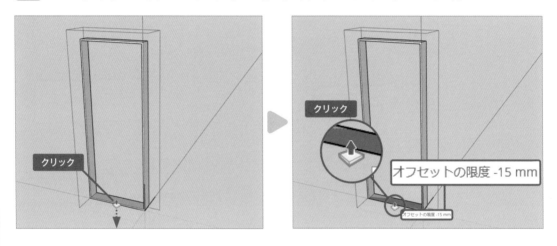

クリック

クリック

オフセットの限度 -15 mm

オフセットの限度 -15 mm

11 ⬚ [選択] ツールを選択する。ドア枠の下の面を交差選択で囲んで選択し、 Delete キーを押すと、下の面が削除される。ドア枠が完成した。

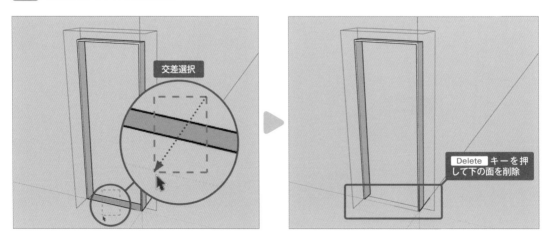

交差選択

Delete キーを押
して下の面を削除

12 ドアの扉部分を作成する。[長方形]ツールを選択する。ドア枠の内側左下角で 端点 と表示される位置をクリックし、ドア枠の内側右上角で 端点 と表示される位置をクリックする。ドア枠の内側に長方形が作成される。

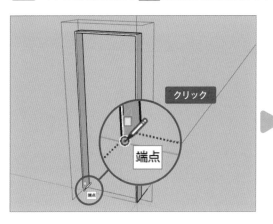
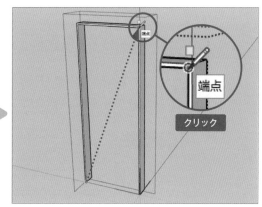

13 [選択]ツールを選択し、手順12で作成した長方形をダブルクリックして選択する。続けて、長方形を右クリックして表示されるコンテキストメニューから[コンポーネントを作成]を選択する。

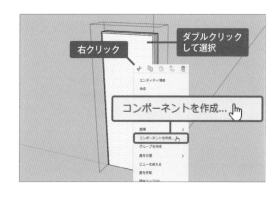

14 表示される[コンポーネントを作成]ダイアログで、[定義]に名前(ここでは「W760H1985」)を入力して[OK]をクリックする。ドアの扉のコンポーネント「W760H1985」が作成される。

15 手順14で作成したドアの扉のコンポーネントをダブルクリックしてコンポーネントの編集モードにする。扉以外の立体やエンティティが非表示になる。

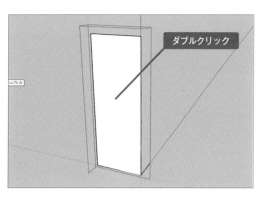

16 扉の面に厚みをつける。

[プッシュ/プル] ツールを選択する。扉の面をクリックしてカーソルを奥方向に移動し、キーボードから半角数字で「40」と入力して Enter キーを押す。扉の面の厚さが40mmとなる。扉部分が完成した。

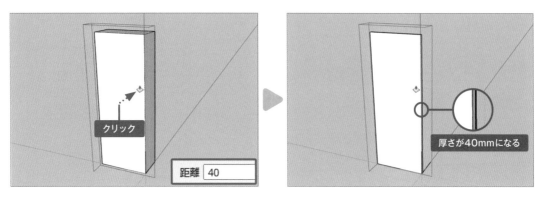

17 扉のレバーハンドル（取っ手）を作成する。
図ではわかりにくいが、ドアの扉が正面になる視点に変更する。

[長方形] ツールを選択し、扉の正面の面上の任意の位置をクリックし、カーソルを右上方向に移動する。キーボードから「50, 50」と入力して Enter キーを押す。50×50mmの正方形が作成される。

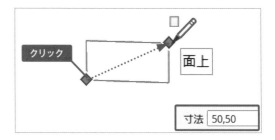

18 [選択] ツールを選択し、手順 **17** で作成した正方形をダブルクリックして選択する。右クリックして表示されるコンテキストメニューから [コンポーネントを作成] を選択する。

19 表示される[コンポーネントを作成]ダイアログで、[定義]に名前（ここでは「レバーハンドル」）を入力して [OK] をクリックする。コンポーネント「レバーハンドル」が作成される。

20 レバーハンドルのコンポーネントをダブルクリックしてコンポーネントの編集モードにする。レバーハンドルのコンポーネント以外の立体やエンティティは非表示になる。

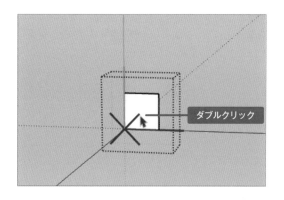

21 正方形に厚みをつける。
[プッシュ/プル] ツールを選択する。正方形の面をクリックしてカーソルを手前方向に移動し、キーボードから「5」と入力して Enter キーを押す。正方形の面の厚みが5mmとなる。

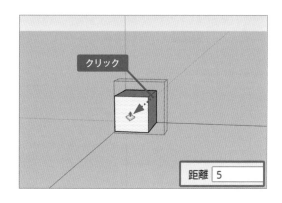

22 この後、形状をパス（軌跡）に沿って立体化するため、まず正方形の中央を始点としたパスとなる線を作成する。
[線] ツールを選択し、正方形の上辺の中央、中点 と表示される位置にカーソルを合わせる（クリックしない）。続けて、正方形の右辺の中央、中点 と表示される位置にカーソルを合わせる（クリックしない）。

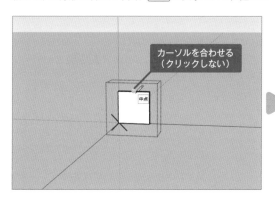

23 続けてカーソルを正方形の中央付近に移動し、点から軸方向 外部のアクティブなジオメトリ と表示される位置をクリックする（表示されないときは、手順**22**の上辺の 中点 表示からやり直す）。

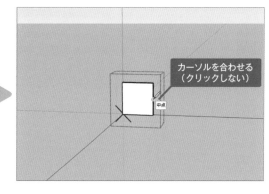

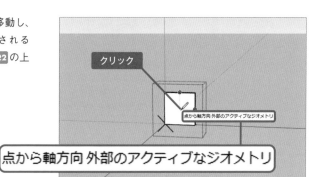

点から軸方向 外部のアクティブなジオメトリ

24 カーソルを青軸手前方向に移動し、キーボードから「40」と入力して Enter キーを押す。正方形の正面中央から垂直な40mmの線が作成される。

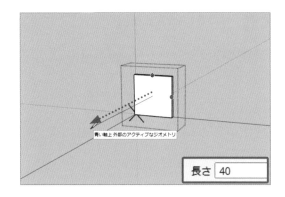

長さ 40

25 図のように正方形の正面が見える視点に変更する。カーソルを赤軸左方向に移動し、キーボードから「150」と入力して Enter キーを押す。正方形に平行で、手順24で作成した直線に垂直な150mmの線が作成される。これでパス（軌跡）が完成した。

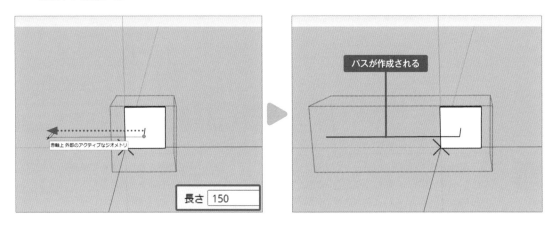

長さ 150

パスが作成される

26 図のように正方形（直方体）を左から見た視点に変更する。⬜ ［長方形］ツールを選択し、緑軸と青軸の面上の任意の位置をクリックし、カーソルを右上方向に移動する。キーボードから「20, 20」と入力して Enter キーを押す。20×20mmの正方形が作成される（このとき、正方形の輪郭は赤色で表示される）。
▶ ［選択］ツールを選択し、作成した正方形をクリックして選択する。

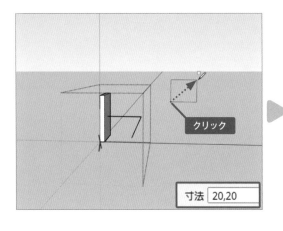

クリック

寸法 20,20

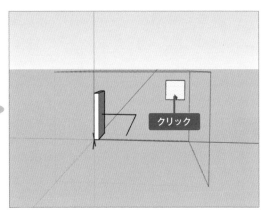

クリック

27 ⊕［移動］ツールを選択する。移動の開始点として、正方形の中央を指示するため、まず正方形の上辺の中央、中点と表示される位置にカーソルを合わせる（クリックしない）。続けて、正方形の右辺の中央、中点と表示される位置にカーソルを合わせる（クリックしない）。

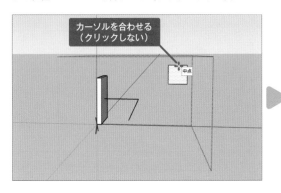
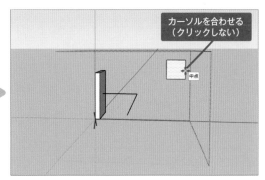

28 続けて、カーソルを正方形の中央付近に移動し、点から軸方向 外部のアクティブなジオメトリ と表示される位置をクリックする（表示されないときは、手順27の上辺の中点表示からやり直す）。

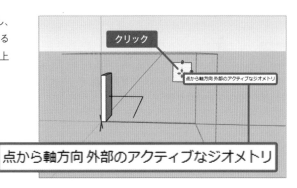

29 移動先として、パスの終点、端点と表示される位置をクリックする。正方形がパスの終点に移動する。

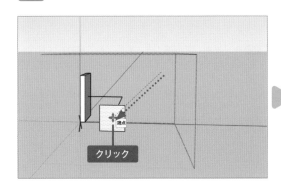
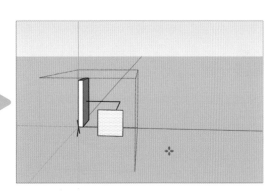

30 図のように、パス全体が見える視点に変更する。◤［選択］ツールを選択し、Shift キーを押しながらパスの2本の線をクリックして選択する。

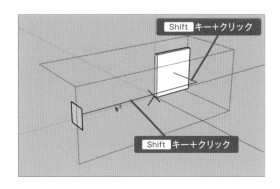

31 [フォローミー] ツールを選択し、手順 **29** で移動した正方形をクリックする。正方形がパスに沿って押し出され、立体になる。

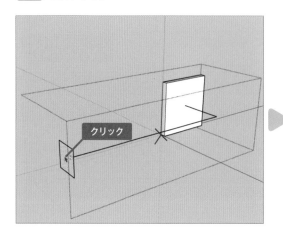
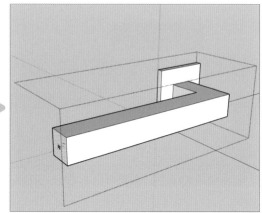

32 パスは不要なので削除する。
[選択] ツールを選択する。手順 **31** で作成された立体の正面の面をクリックし、 Delete キーを押すと、面が削除され、パスが見えるようになる。

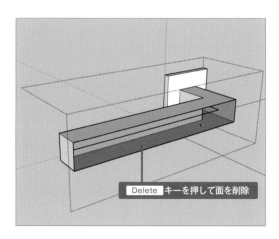

Delete キーを押して面を削除

33 [選択] ツールで、手前のパスの線をクリックし、 Delete キーを押して削除する。同様にして奥のパスも削除する。

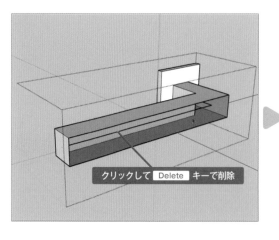
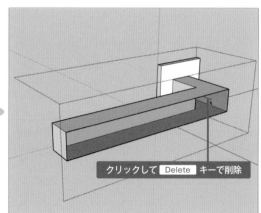

クリックして Delete キーで削除

クリックして Delete キーで削除

34 手順32 で削除した面を作成し直す。
　　 ✏️ [線] ツールを選択する。左側の辺の上端で 端点 と表示される位置をクリックし、続けて下端で 端点 と表示される位置をクリックすると、面が作成される。

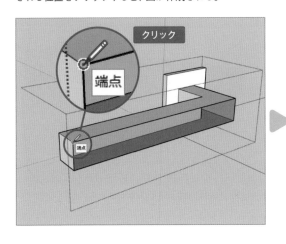
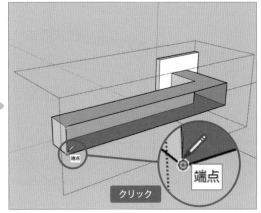

35 ▶️ [選択] ツールを選択し、立体やエンティティのない位置をクリックしてコンポーネントの編集モードを終了する。
レバーハンドルのコンポーネント以外の立体やエンティティが表示される。

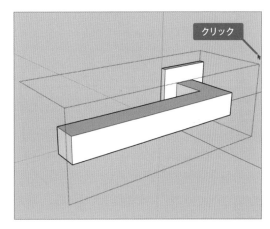

36 レバーハンドルにマテリアルを設定する。
　　 ▶️ [選択] ツールを選択する。パネルバーの 🎨 [マテリアル] を選択し、表示される [マテリアル] パネルで 🔍 [参照] ― [金属] ― [アルミニウム] を選択する。

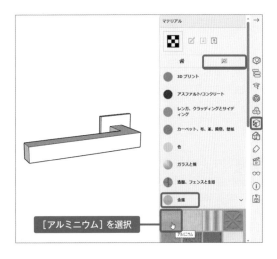

37 カーソルがバケツアイコンになるので、レバーハンドルのコンポーネントをクリックする。レバーハンドルにアルミニウムのマテリアルが設定される。レバーハンドルが完成した。

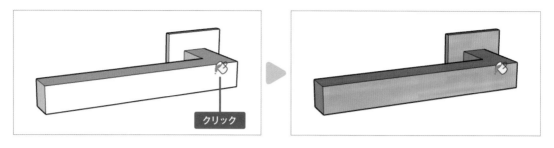

38 レバーハンドルの位置を調整する。図のようにレバーハンドルの右側面が見える視点に変更する。
[選択] ツールを選択し、レバーハンドルのコンポーネントをクリックして選択する。[移動] ツールを選択し、移動の開始点として、右図のレバーハンドルの右下角、 レバーハンドルのコーナー と表示される位置をクリックする。

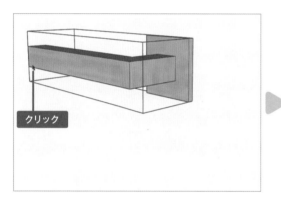
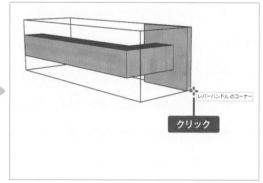

39 移動先として、ドアの扉の右下角、 端点 と表示される位置をクリックする。レバーハンドルがドアの扉の右下に移動する。

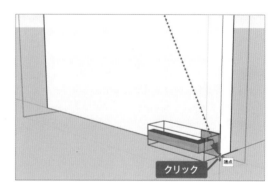

40 ドアの扉が正面になる視点に変更する。[移動] ツールで、任意の位置をクリックし、カーソルを上方向に移動し、キーボードから半角数字で「900」と入力して Enter キーを押す。レバーハンドルが床から900mm上の位置に移動する。

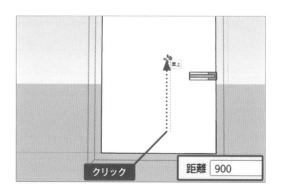

41 続けて、任意の位置をクリックし、カーソルを左方向に移動し、キーボードから「30」と入力して、Enter キーを押す。レバーハンドルが30mm左の位置に移動する。

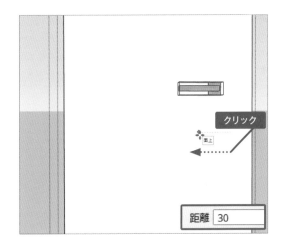

42 レバーハンドルを扉の裏側に反転コピーする。扉の右側面が見える視点に変更する。レバーハンドルのコンポーネントが選択された状態のまま、拡張ツールセットから △ ［反転］ツールを選択する。赤、青、緑の反転平面（いずれかの面を軸に反転される）が表示される。

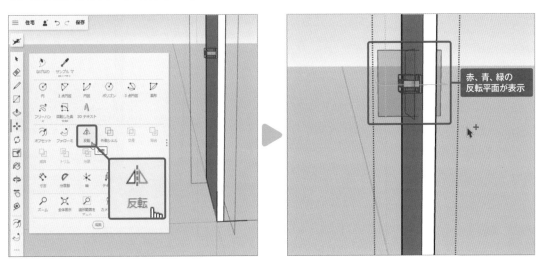

43 Ctrl キーを押してコピーモードにする。青い反転平面を下方向にドラッグ（マウスボタンを押したまま移動）し、扉の右側面、下辺の中点（水色の丸い推定点）が表示される位置までドラッグする。

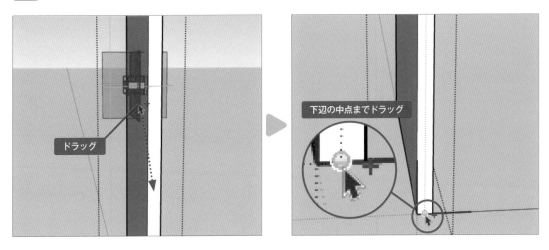

44 レバーハンドルが扉の裏側に反転コピーされる。
[選択] ツールを選択し、立体やエンティティのないところをクリックしてコンポーネントの編集モードを終了する。ドアの扉が完成した。

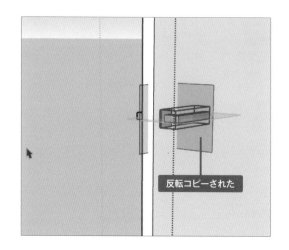

反転コピーされた

45 扉の枠だけを10mm手前に移動する。
図のように扉を右斜め横から見た視点に変更する。[選択] ツールで、ドアの扉と枠の全体を窓選択で囲んで選択する。

窓選択

46 Shift キーを押しながら扉のコンポーネントをクリックして選択から除外し、枠のみを選択状態にする。

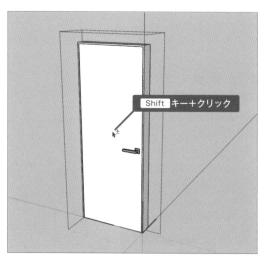

Shift キー＋クリック

47 [移動] ツールを選択する。移動の開始点として、左図で示したあたりをクリックし、カーソルを赤軸手前方向に移動する。キーボードから「10」と入力して Enter キーを押す。扉の枠が10mm手前に移動する。

[選択] ツールを選択し、立体やエンティティのないところをクリックしてコンポーネントの編集モードを終了する。

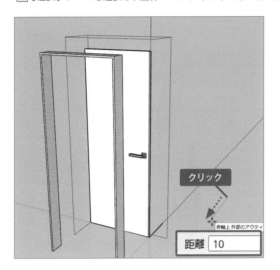

48 ドアの扉と枠に色をつける。

[選択] ツールを選択し、パネルバーの [マテリアル] をクリックする。表示される [マテリアル] パネルで [参照] ― [色] ― [色 C08] を選択する。

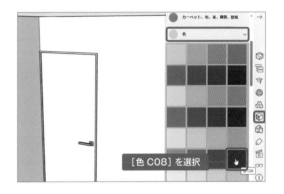

49 カーソルがバケツアイコンになるので、ドアのコンポーネントをクリックする。ドアの扉と枠に色が設定される。ドアが完成した。

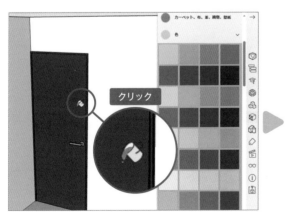

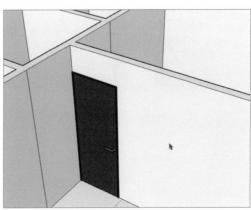

ここまでのデータ
4_3_49.skp

50 図は、他の4カ所にも開口部を作成し、それぞれの個所に内部建具（ドア）を配置した状態（ファイル「4-3-50. skp」）。

次節**4-4**からは、ここまでの完成ファイルを開いて作業を進めていく。

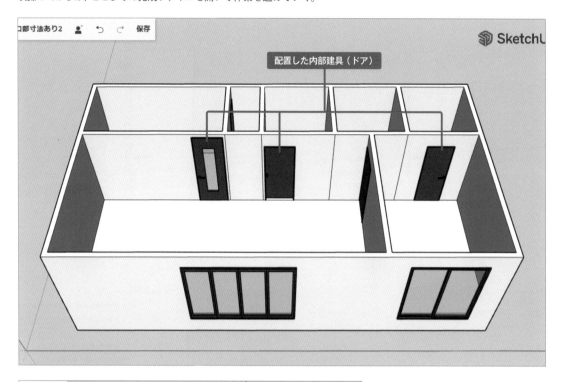

配置した内部建具（ドア）

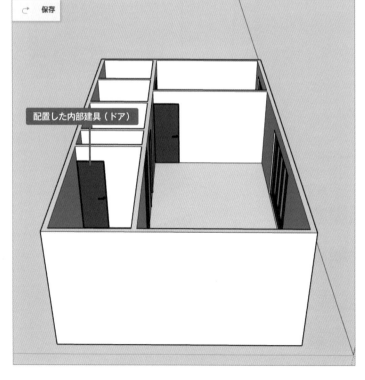

配置した内部建具（ドア）

ここまでのデータ
4_3_50.skp

玄関周りを作成する

ここから始める
4-4.skp

玄関周りを作成する。玄関の土間部分の床を下げ、玄関ドアを配置して玄関ポーチを作成する。玄関ポーチでは［プッシュ/プル］ツールを利用して階段を効率よく作成する方法を解説する。

1 すべての建具が配置された状態の、教材データのSKPファイル「4-4.skp」を開く。

図に示した左上の部屋に、玄関周りを作成する。手順**2**のように、左上の部屋の内部を上から見た（壁や床が見える）視点に変更する。

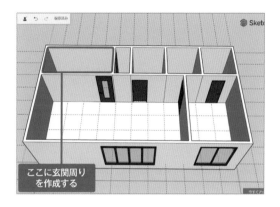

ここに玄関周りを作成する

2 玄関の床面を建物の床面より下げる。 ✏️ ［線］ツールを選択し、始点として左側から1つ目のガイドラインと上の壁が交わる点、 交差 と表示される位置をクリックする。カーソルを緑軸下方向に移動し、反対側の下の壁と交わる点、 エッジ上 と表示される位置をクリックする。左側の壁から910mmの位置に直線が作成される。

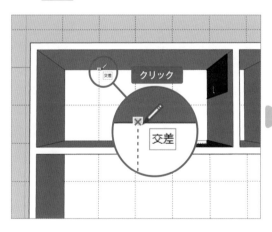

交差

クリック

交差

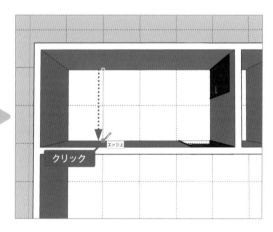

エッジ上

クリック

3 🔲 ［プッシュ/プル］ツールを選択する。手順**2**で作成した線の左側の床面をクリックし、青軸下方向に押し下げるようにカーソルを移動する。キーボードから「150」と入力して Enter キーを押す。線の左側の床面が150mm下がる。

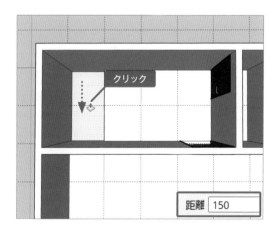

クリック

距離 150

4 玄関ポーチを作成する。
建物の左側面が見える視点に変更する。![長方形]ツールを選択し、建物の左下角で 端点 と表示される位置を
クリックする。カーソルを手前右方向に移動し、キーボードから「2100, 1800」と入力して Enter キーを押す。2100
×1800mmの長方形が作成される。

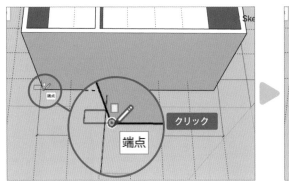
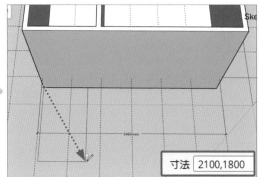

5 ![選択]ツールを選択し、手順 **4** で作成した長
方形の面をダブルクリックして選択する。長方形
を右クリックして表示されるコンテキストメニューから
[グループを作成]を選択する。長方形がグループ化され
る。

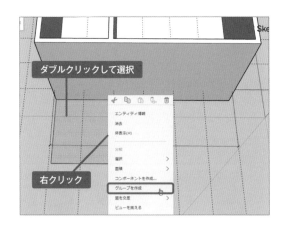

6 長方形の面をダブルクリックしてグループの編集
モードにする。長方形以外の立体やエンティティ
は非表示になる。

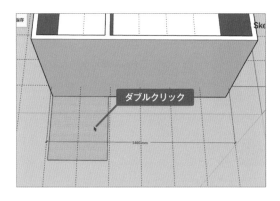

7 ![プッシュ/プル]ツールを選択する。長方形
の面をクリックし、カーソルを上方向に移動する。
キーボードから「450」と入力して Enter キーを押す。
高さ450mmの直方体となる。

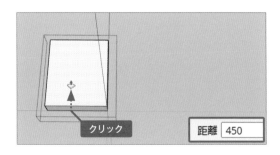

8 玄関ポーチの階段を作成する。

[選択] ツールを選択し、手順 **7** で作成した直
方体の手前上辺をクリックして選択する。

[移動]ツールを選択し、 Ctrl キーを押してコピーモー
ドにする。

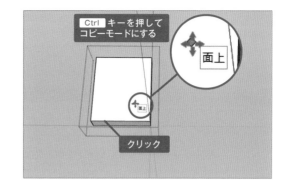

9 直方体の上の任意の位置をクリックし、カーソルを赤軸奥方向に移動し、キーボードから「300」と入力して
Enter キーを押す。手前の線が300mm奥にコピーされる。続けて、キーボードから「2x」と入力して Enter キー
を押す。さらに300mm奥に2本目の線がコピーされる。これにより上面が3分割される。

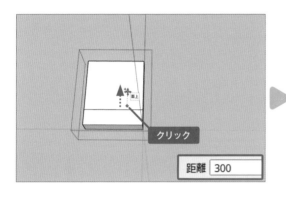

10 [プッシュ/プル] ツールを選択する。一番手
前の面をクリックし、下方向に押し下げるように
カーソルを移動する。キーボードから「300」と入力して
Enter キーを押す。手前の面が300mm下がる。

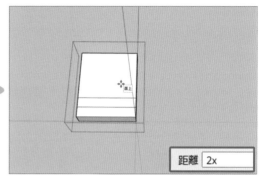

11 手順 **10** と同様にして、 [プッシュ/プル] ツー
ルで手前から2つ目の面を「150」mm下げる。

[選択] ツールを選択し、立体やエンティティのない
位置をクリックしてグループの編集モードを終了する。建
物が表示される。

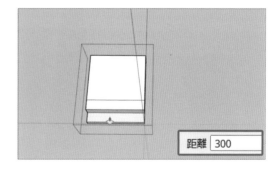

12 玄関ポーチにマテリアルを設定する。［選択］ツールでパネルバーの ［マテリアル］をクリックする。表示された［マテリアル］パネルの ［参照］―［タイル］―［正方形タイル］を選択する。カーソルがバケツアイコンになるので、玄関ポーチをクリックすると、タイルのマテリアルが設定される。玄関ポーチが完成した。

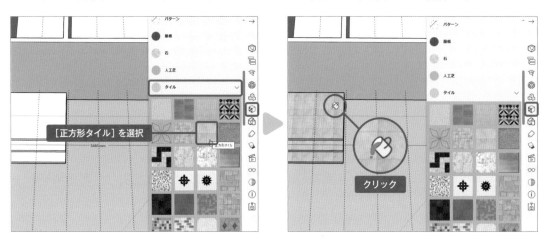

13 玄関の壁中央に開口部を作成し、玄関ドアを設置する。図のように、玄関を内側から見た視点に変更する。
　　　 ［長方形］ツールを選択し、壁の下の中央で 中点 と表示される位置をクリックする。カーソルを右上方向に移動し、キーボードから「600, 2330」と入力して Enter キーを押す。600×2330mmの長方形が作成される。

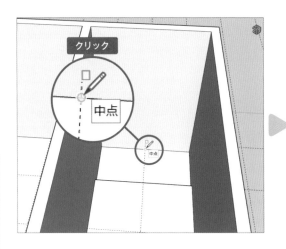

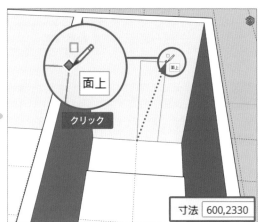

14 ［プッシュ/プル］ツールを選択する。手順 **13** で作成した長方形をクリックし、カーソルを奥方向に押し込むように移動し、面上 と表示される位置でクリックする。600×2330mmの開口部が作成される。

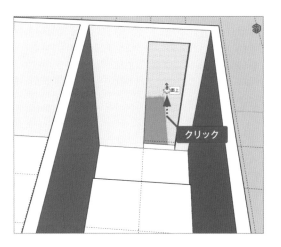

15 図のように、開口部の左断面が見える視点に変更する。（改行）🔲[プッシュ/プル] ツールで、開口部の左断面を クリックし、カーソルを左方向に移動する。キーボードから「600」と入力して Enter キーを押す。壁の中央に 1200×2330mmの開口部が作成される。

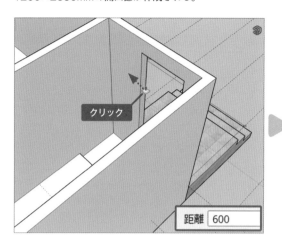

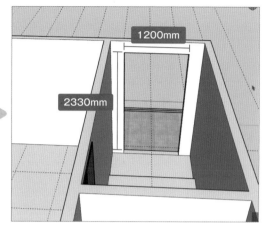

16 図のように、玄関の開口部を外から見た視点に変 更する。

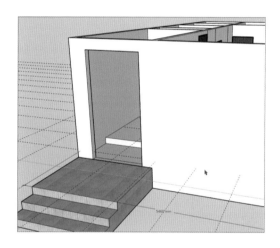

17 SketchUp用のモデルデータが数多くアップロードされているWebサイト「3D Warehouse」から玄関ドアをダ ウンロードして配置する。
パネルバーの◎[3D Warehouse] をクリックし、表示される検索画面の検索バーに「AD_W1200H2330」と入力して 検索ボタン（虫めがねアイコン）をクリックする。表示される検索結果の画面に「AD_W1200H2330」が表示されるので、 ⬇[Download]（ダウンロード）をクリックする。

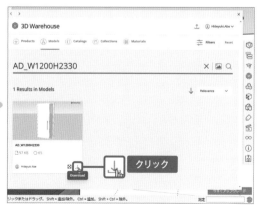

18 玄関ドアのコンポーネント「AD_W1200H2330」がダウンロードされ、描画領域に表示されてそのままコンポーネントを配置できる状態になる。

図のように開口部の下部分を拡大表示する。開口部の右下角、端点 と表示される位置をクリックする。玄関ドアのコンポーネント「AD_W1200 H2330」が配置される。

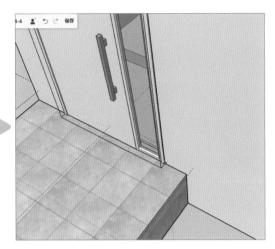

19 配置した玄関ドアのコンポーネントに色をつける。図のように玄関を正面から見た視点に変更する。

[選択] ツールを選択し、パネルバーの [マテリアル] をクリックする。表示される [マテリアル] パネルの [参照] ― [色] ― [色 M07] を選択する。カーソルがバケツアイコンになるので、玄関ドアのコンポーネントをクリックすると、色が設定される。玄関が完成した。

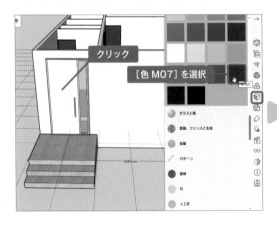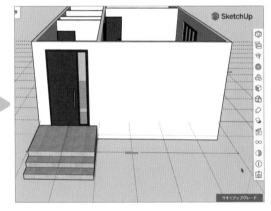

 ここまでのデータ
4-4-19.skp

屋根を作成する

片流れの屋根を作成し、壁との交差部分を処理する。勾配屋根の作成では、勾配の指定方法や勾配の付いた線を延長する方法などを解説する。交差処理するときは、「表示/非表示」機能や「モデル内の残りを非表示」機能を使いこなすことがポイントとなる。

1 まず、屋根の断面を作成する。図のように玄関を真正面から見た視点に変更する。⬜ [長方形] ツールを選択し、外壁の左上角で 端点 と表示される位置をクリックする。カーソルを右上方向に移動し、キーボードから「5000,120」と入力して Enter キーを押す。5000×120mmの長方形が作成される。5000mmは屋根の幅だが、これは仮の値なので後に変更する。120mmは屋根の厚さである。

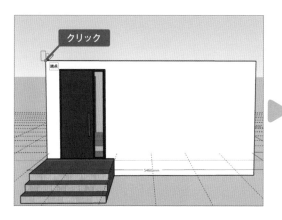
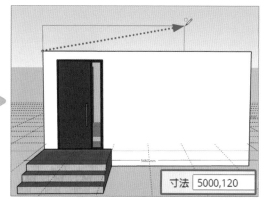

2 ▶ [選択] ツールを選択する。手順 **1** で作成した長方形の面をダブルクリックして選択する。長方形を右クリックして表示されるコンテキストメニューから [グループを作成] を選択する。長方形がグループ化される。

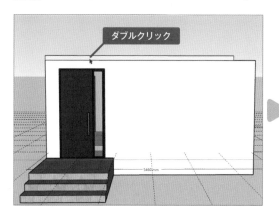
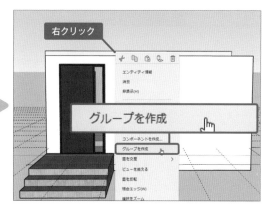

3 長方形が選択されていることを確認し、🔄 [回転] ツールを選択する。回転の中心として、長方形の左下角で グループのコーナー と表示される位置をクリックする。このとき分度器マークが赤色になっていることを確認する。

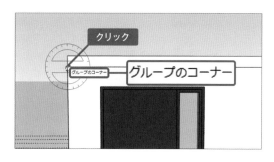

4 長方形の下辺に沿ってカーソルを右方向に移動し、 エッジ上 グループ内 と表示される任意の位置をクリックする。

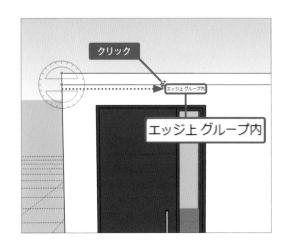

5 カーソルを上方向に移動し、キーボードから半角数字で「3:10」と入力して Enter キーを押す。長方形が3/10勾配（3寸勾配、水平寸法10に対して立ち上がりが3の勾配、角度：16度41分57秒）に回転する。

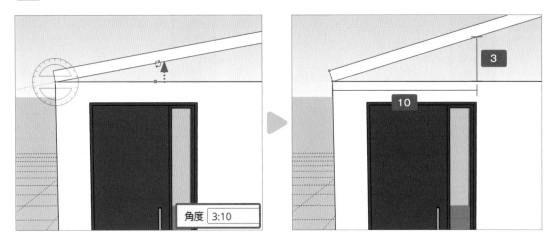

6 屋根を外壁から600mm外側に突出させるため、屋根と同じ勾配の600mmの長さの補助線を作成する。 ✐[線]ツールを選択する。長方形の左下角で 端点 と表示される位置をクリックし、カーソルを勾配に沿って左方向に移動する。キーボードから「600」と入力して Enter キーを押す。このとき、仮表示の線がピンク色に表示されることを確認する。ピンク色に表示されないときは、長方形の下辺の任意の位置にいったんカーソルを合わせてから移動すると、ピンク色に表示される。勾配と同じ角度で長さ600mmの線が作成される。 Esc キーを押して ✐[線]ツールを終了する。

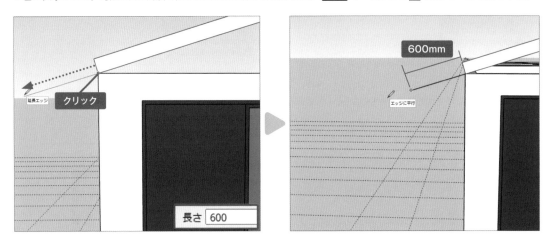

7 長方形の右側にも同じ勾配の補助線を作成する。
[✏️][線]ツールを選択し、長方形の右下角で
[端点 原点グループ内]と表示される位置をクリックする。

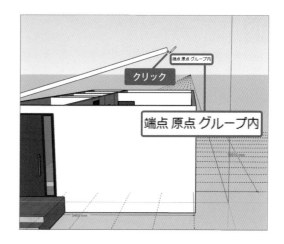

8 いったん、壁の右上角で[端点]と表示される位置にカーソルを合わせる（クリックしない）。続けて、カーソルを垂直上方向に移動し、[点から軸方向]と表示される位置をクリックする。屋根と同じ勾配の線が壁の右端点の延長線上まで作成される。

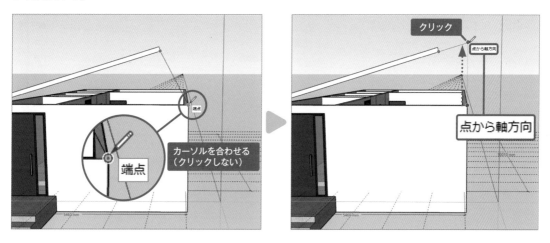

9 カーソルを勾配に沿って右方向に移動し（このとき、ピンク色に表示されていることを確認する）、キーボードから「600」と入力して[Enter]キーを押す。壁から600mm離れた位置までの補助線が作成される。[Esc]キーを押して[✏️][線]ツールを終了する。

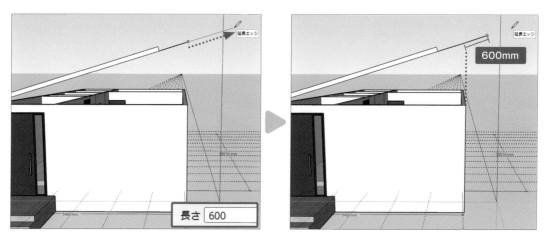

10 ［選択］ツールを選択する。長方形（屋根のグループ）をダブルクリックし、グループの編集モードにする。屋根のグループ以外の立体やエンティティが非表示になる。

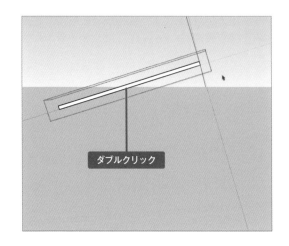

ダブルクリック

11 手順 **6** と **9** で作成した補助線を参照して屋根を作成する。
［選択］ツールを選択する。パネルバーの ∞ ［表示］をクリックし、表示される［表示］パネルの［コンポーネント編集］ ―［モデル内の残りを非表示］の［オン/オフ］スイッチを［オフ］にする。屋根のグループ以外の立体やエンティティが表示される。
［表示］パネルの右上の［×］をクリックして［表示］パネルを閉じる。

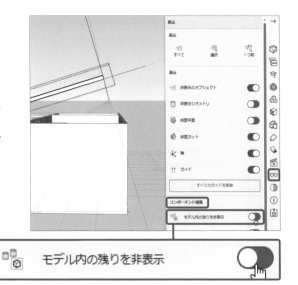

モデル内の残りを非表示

12 ［選択］ツールで、長方形の右辺をクリックして選択する。
［移動］ツールを選択し、長方形の右下角で 端点 と表示される位置をクリックする。

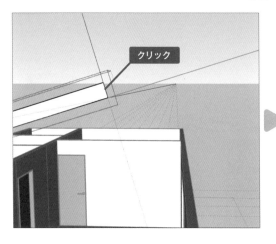

クリック

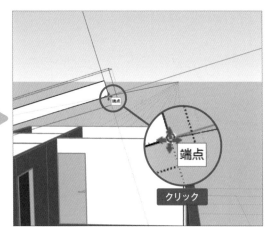

端点

クリック

13 移動先として、手順 **9** で作成した600mmの線の右端点で 端点 外部のアクティブなジオメトリ と表示される位置をクリックする。長方形の右辺が移動し、長方形が右側に600mm延長される。

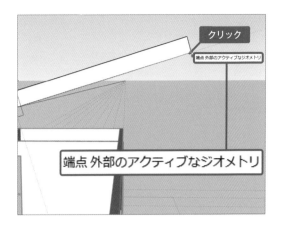

14 手順 **13** と同様にして、長方形の左辺も移動する。 [選択] ツールを選択し、長方形の左辺をクリックして選択する。 [移動] ツールを選択し、長方形の左下角で 端点 外部のアクティブなジオメトリ 、もしくは 端点 と表示される点をクリックする。移動先として、手順 **6** で作成した600mmの線の左端点で 端点 外部のアクティブなジオメトリ と表示される位置をクリックする。長方形の左辺が移動し、長方形が左側に600mm延長される。屋根の断面が作成される。

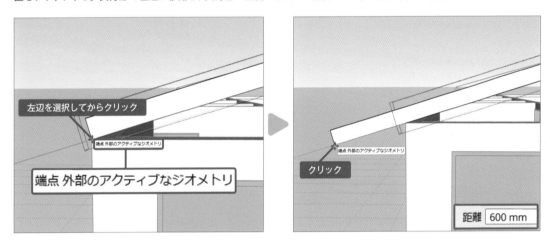

15 左図のように、屋根の断面を右斜め上から見た視点に変更する。 [プッシュ / プル] ツールを選択し、長方形の面をクリックする。カーソルを奥に押し出すように右奥方向に移動する。
右図のように、玄関と反対側の壁が見える視点に変更する。図に示した外壁の手前右上角で 端点 外部のアクティブなジオメトリ と表示される位置をクリックする。屋根が立体化される。

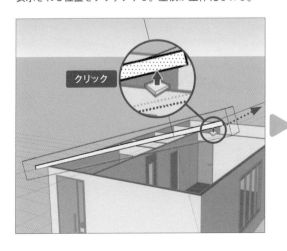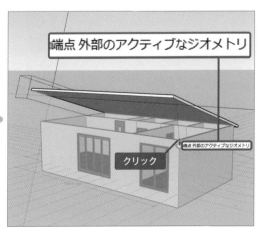

16 ⬇ [プッシュ/プル] ツールのまま、延長した屋根の手前の断面をクリックする。カーソルを右(手前)方向に移動し、キーボードから「600」と入力してEnter キーを押す。屋根の奥側が外壁から600mmの位置まで延長される。

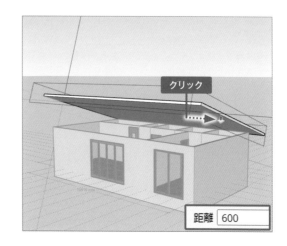

17 図のように、玄関側の外壁が見える視点に変更する。⬇ [プッシュ/プル] ツールを選択し、屋根の手前の断面をクリックする。カーソルを左(手前)方向に移動し、キーボードから「600」と入力してEnter キーを押す。屋根の手前側が外壁から600mm離れた位置まで延長される。

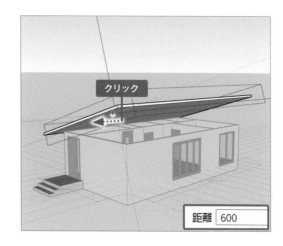

18 屋根に色をつける。
図のように、屋根の上面が見える視点に変更する。▶ [選択] ツールを選択し、パネルバーの 🪣 [マテリアル] をクリックする。表示される [マテリアル] パネルの 🔍 [参照] ― [色] ― [色 M08] を選択する。カーソルがバケツアイコンになるので、屋根上面をクリックすると、屋根に色が設定される。立体やエンティティのないところをクリックしてグループの編集モードを終了する。

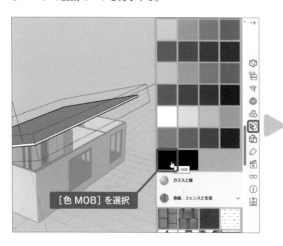

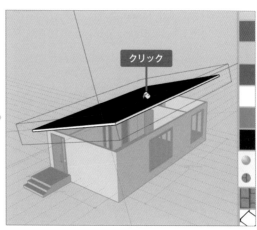

19 屋根の断面を延長するときに使用した2本の補助線は不要なので削除する。図のように、屋根の裏が見える視点に変更する。 [選択] ツールを選択し、補助線を窓選択で囲んで選択し、 Delete キーを押して削除する。

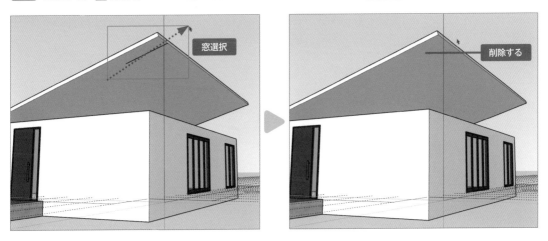

20 反対側にある補助線が見える視点に変更する。補助線をクリックして選択し、 Delete キーを押して削除する。

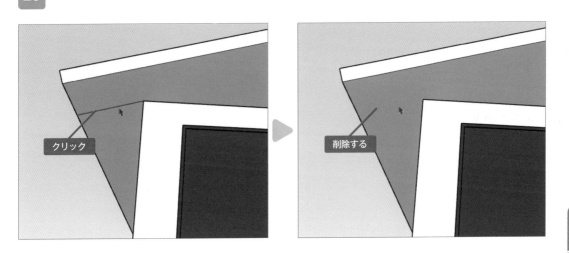

21 壁を屋根の高さまで延長する。左図のように、壁の上の断面が見える視点に変更する。
[プッシュ / プル]ツールを選択し、壁の上部の断面をクリックする。続けて、右図のような視点に変更する。カーソルを上方向に移動し、壁が屋根より上に飛び出す任意の位置でクリックする。

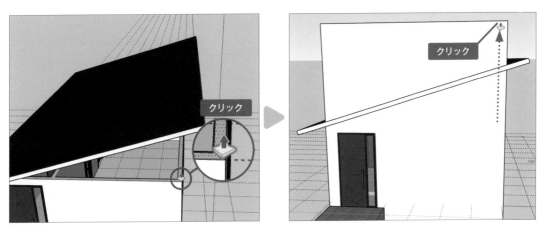

22 [選択] ツールを選択し、壁のいずれかの面をトリプルクリックしてすべての壁を選択する。壁を右クリックして表示されるコンテキストメニューから [グループを作成] を選択する。壁がグループ化される。

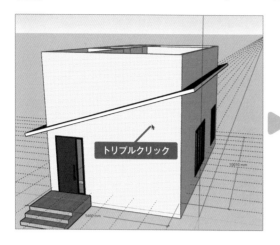
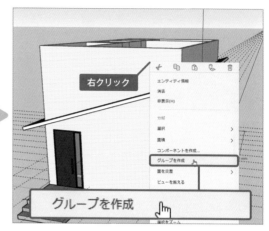

23 屋根より上に飛び出した壁部分を削除する。屋根の下の面を基準に壁を切り取るため、屋根の下の面を壁のグループにコピー＆貼り付けして補助線として使用する。

図のように、屋根の下の面が見える視点に変更する。[選択] ツールで、屋根をダブルクリックしてグループの編集モードにする。

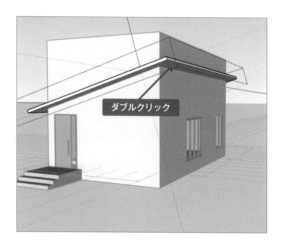

24 [選択] ツールで、屋根の下の面をクリックして選択する。屋根の下の面を右クリックして表示されるコンテキストメニューの [コピー]をクリックすると、屋根の下の面がクリップボードにコピーされる。立体やエンティティのない位置をクリックしてグループの編集モードを終了する。

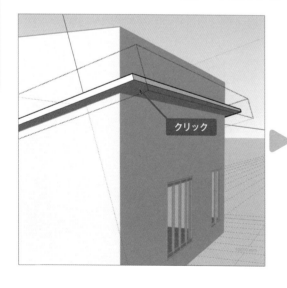

25 [選択] ツールで、いずれかの壁をダブルクリックしてグループの編集モードにする。任意の位置を右クリックして表示されるコンテキストメニューから [所定の位置に貼り付け] をクリックする。壁のグループ内に、屋根の下の面が貼り付けられる。

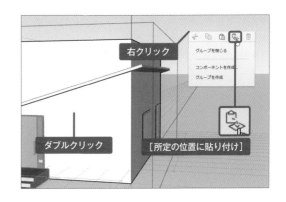

26 [選択] ツールで、パネルバーの [表示] をクリックし、表示される [表示] パネルの [コンポーネント編集] ― [モデル内の残りを非表示] の [オン／オフ] スイッチを [オン] にする。壁のグループ以外の立体やエンティティが非表示になる。

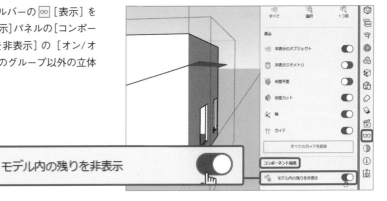

27 [選択] ツールで、建物全体を窓選択で囲んで選択する。

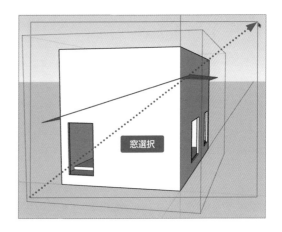

窓選択

28 壁を右クリックして表示されるコンテキストメニューから [面を交差] ― [選択範囲と交差] を選択する。屋根の下の面と壁の面との交差部分に線が追加され、壁が分割される。

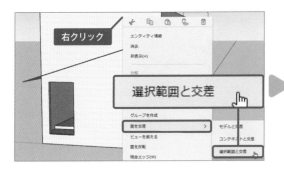

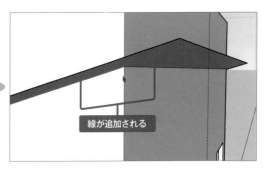

右クリック

選択範囲と交差

線が追加される

Section
5
屋根を作成する

173

29 玄関が正面となる視点に変更する。屋根の下の面より上の壁部分を削除する。

[選択] ツールで、屋根の面より上の部分を交差選択で囲んで選択し、 `Delete` キーを押して削除する。建物の背面側にある壁部分も同様に選択し、 `Delete` キーを押して削除する。

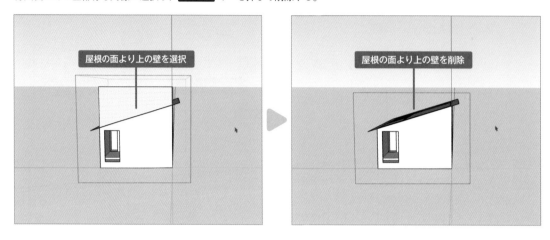

屋根の面より上の壁を選択

屋根の面より上の壁を削除

30 図のように、上から見た視点に変更する。 [選択] ツールで、手順 25 で貼り付けた屋根の面と外形線を選択し、 `Delete` キーを押して削除する。

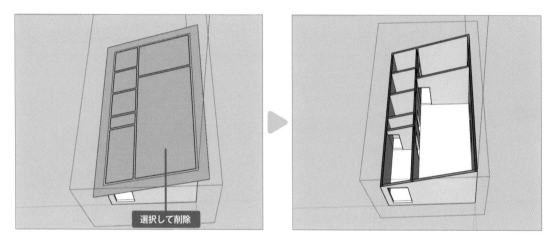

選択して削除

31 図のように、室内の4カ所の開口部が見える視点に変更する。図示した線（6本）は不要なので、 [選択] ツールでそれぞれクリックし、 `Delete` キーを押して削除する。

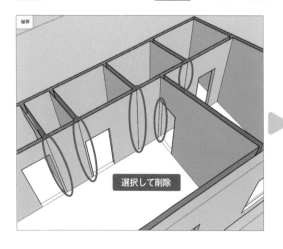

選択して削除

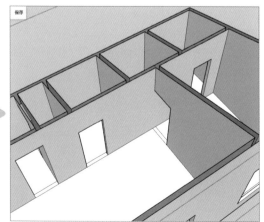

Chapter **4** 住宅のモデルを作成する

32 図のように、ガイドラインや寸法が見える視点に変更する。
［選択］ツールで、立体やエンティティのない位置をクリックしてグループの編集モードを終了する。
ガイドラインと寸法は不要なので、それぞれ選択して削除する。

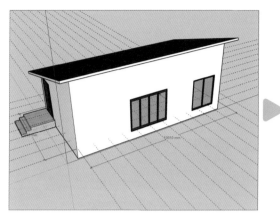 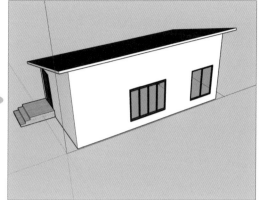

33 図のように建物を正面から見た視点に変更する。 **Ctrl** + **A** キーを押して、建物全体を選択する。 ［移動］ツールを選択する。移動の開始点として任意の位置をクリックし、カーソルを青軸上方向に移動する。キーボードから「600」と入力して **Enter** キーを押す。建物全体が600mm上方向に移動し、正しく地面に接地する。

 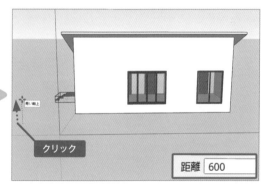

34 住宅のモデルが完成した。

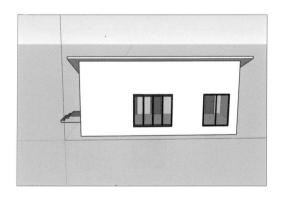 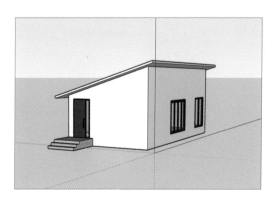

ここまでのデータ
4-5-34.skp

4-6 より見栄えよく仕上げる

 ここから始める
4-6.skp

SketchUp for Webに標準で用意されているマテリアル（質感などの素材）は少ないため、それだけで思い通りの表現に仕上げるのは難しい。そこで、SketchUp用の各種データが多数アップロードされているWebサイト「3D Warehouse」からマテリアルをダウンロードし、それを読み込んで使用することで、より表現豊かに仕上げる方法を紹介する。

1 [選択] ツールを選択し、パネルバーの ◎ [3D Warehouse] をクリックする。検索画面が表示される。

2 検索画面の検索バーに「マテリアル」と入力して検索ボタン（虫めがねアイコン）をクリックする。画面に検索結果が2つ表示されるが、ここでは [material set] の [Download]（ダウンロード）をクリックする。

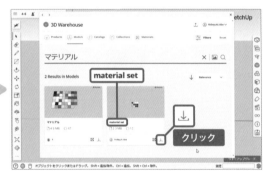

3 コンポーネント「material set」がダウンロードされ、描画領域に表示される。 Esc キーを押すと、コンポーネント「material set」が描画領域から消えるが、そのマテリアルはこのファイルに読み込まれる。

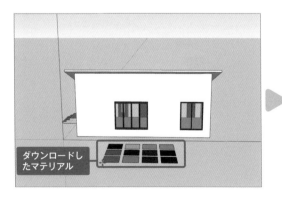
ダウンロードしたマテリアル

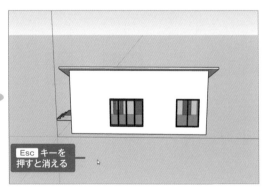
Esc キーを押すと消える

4 パネルバーの [マテリアル] を選択し、表示される [マテリアル] パネルの [モデル内] を選択する。コンポーネント「material set」のマテリアルが読み込まれていることが確認できる。

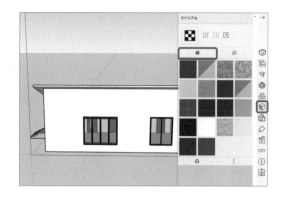

5 図のように、屋根の上から部屋の中が見える視点に変更する。屋根を右クリックし、表示されるコンテキストメニューから [非表示] を選択する。屋根が非表示となり、部屋の中が見えるようになる。 [選択] ツールで、床部分をダブルクリックしてグループの編集モードにする。

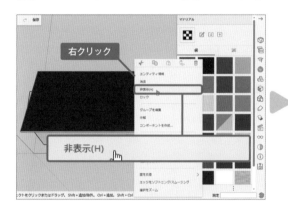

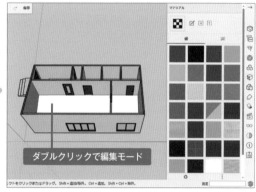

6 [マテリアル] パネルの [モデル内] の [Flooring] を選択する。カーソルがバケツアインコンになるので、床を1つずつクリックしてすべての床にマテリアル [Flooring] を設定する。このとき、視点を変更しながら作業すると、マテリアルを設定しやすい。

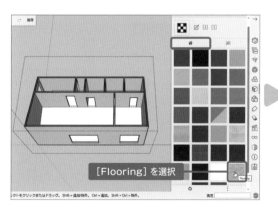

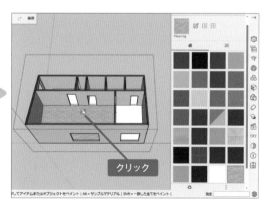

7 次に［マテリアル］パネルの🏠［モデル内］の［Wall］を選択し、室内の壁を1つずつクリックしてすべての壁に
マテリアル［Wall］を設定する。このとき、視点を変更しながら作業すると、マテリアルを設定しやすい。▶［選択］
ツールを選択し、立体やエンティティのない位置をクリックしてグループの編集モードを終了する。

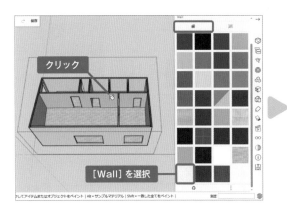
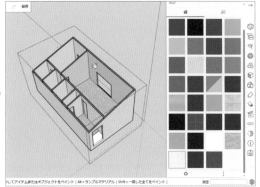

8 家具セットのコンポーネントを配置する。
図のように手順 **5** の視点に戻す。▶［選択］ツールで、メニューバーの☰［モデル/環境設定を開く］をクリック
し、表示されるメニューから［インポート］―［自分のデバイス］を選択する。表示される［ファイルのインポート］ダイ
アログの［自分のデバイス］をクリックする。

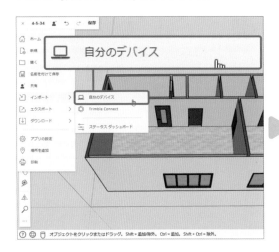

9 表示される［開く］ダイアログで、教材データのSKPファイル「interior set.skp」を選択し、［開く］をクリック
する。表示される［ファイルのインポート］ダイアログの［コンポーネントとしてインポート］をクリックする。

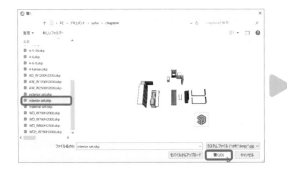

Chapter
4
住宅のモデルを
作成する

10 家具セットのコンポーネントが読み込まれ、描画領域に表示される。コンポーネントの配置の基点として原点をクリックすると、家具セットが配置される。 `Esc` キーを押して、コンポーネントの配置を終了する。

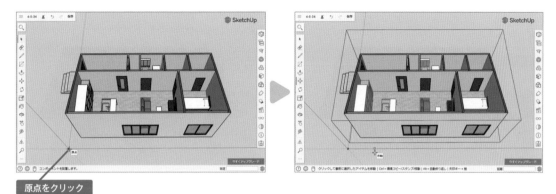

原点をクリック

11 パネルバーの ∞ [表示] を選択し、表示される [表示] パネルの [表示] ― [すべて] をクリックすると、屋根が表示される。[表示] パネルの [×] をクリックして、パネルを閉じる。

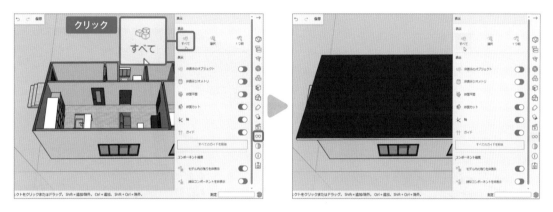

12 エクステリア（外構）のコンポーネントを配置する。
手順 **8** と同様にして、表示される [開く] ダイアログで、教材データのSKPファイル「exterior set.skp」を選択し、[開く] をクリックする。表示される [ファイルのインポート] ダイアログの [コンポーネントとしてインポート] をクリックする。

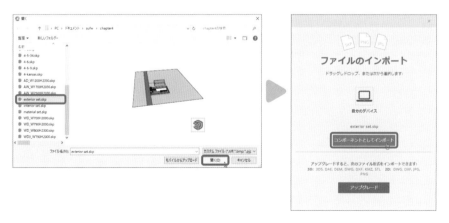

13 エクステリアのコンポーネントが読み込まれ、描画領域に表示される。コンポーネントの配置の基点として原点をクリックすると、エクステリアが配置される。 `Esc` キーを押して、コンポーネントの配置を終了する。

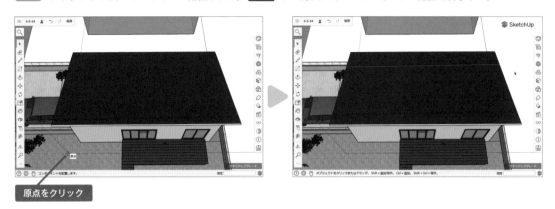

原点をクリック

14 家具とエクステリアが配置され、仕上げが完了した。色々な視点でモデルを確認してみよう。

ここまでのデータ
4-6-14.skp

Chapter

5

SketchUp
for Web
活用テクニック

作成したモデルを活用する

SketchUp for Webで作成したモデルは、
建築、映像、アニメーション、イラスト、DIYなど
多岐にわたるものづくりの分野で活用できます。
本章では、さまざまなクリエイターが制作を行う際に
ヒントになるようなテクニックを紹介します。

5-1 知っておくと便利なTips

SketchUpは、基本ツールを覚えるだけでも十分にモデリングが行えるが、より使いこなす上で便利な［インストラクタ］や［SketchUpを検索］などの機能や、効率化を図る裏技的な使い方を5つ紹介する。

5-1-1 ツールの使い方をインストラクタで確認する

Windowsの多くのソフトウェアでは、F1キーを押すとヘルプが表示される。しかし、SketchUp for WebはWebブラウザ上で動作するソフトウェアのため、F1キーを押してもヘルプは表示されない。基本ツールの使い方などを調べたいときは、インターネットで検索するよりも、［インストラクタ］で確認するのがお勧めだ。

1 ［パネル］バーの🎓［インストラクタ］をクリックする。［インストラクタ］パネルが表示される。

2 ［インストラクタ］パネルが表示された状態で、使い方を調べたいツールをツールバーなどからクリックして選択すると、そのツールの解説がパネル上に表示される。基本的な使い方のほか、各ツールとCtrlキーやShiftキー、Altキーなどを併用した裏技的な使い方やショートカットキー（次ページ参照）なども表示される。ただし、ショートカットキーは、SketchUp for Desktopのものが表示され、SketchUp for Webでは使用できない場合もある。

Chapter
5
SketchUp for Web
活用テクニック

5-1-2 ショートカットキーを設定する

マウス操作の代わりにキーボードのキーを押すだけで、各種ツールの選択やコマンドを実行できるのがショートカットキーである。SketchUp for Webでは、例えば［線］ツール **L** キー、［選択］ツールは **スペース** キーなどのショートカットキーを押すことでマウス操作よりも早く選択できる。なお、独自にショートカットキーを割り当てたり、リセット（標準設定に戻す）したりするときは、［SketchUpを検索］で簡単に行える。

SketchUp for Webの標準設定で割り当てられているショートカットキーは表の通り。

ツール名	ショートカットキー
［選択］ツール	**スペース** キー
［線］ツール	**L** キー
［消しゴム］ツール	**E** キー
［円弧］ツール	**A** キー
［長方形］ツール	**R** キー
［円］ツール	**C** キー
［プッシュ/プル］ツール	**P** キー
［ペイント］ツール	**B** キー
［移動］ツール	**M** キー
［回転］ツール	**Q** キー
［スケール］ツール	**S** キー
［メジャー］ツール	**T** キー

1 標準設定されている以外のツール選択やコマンド実行操作を、任意のショートカットキーに割り当てることができる。ツールバーの上にある ⌕ ［SketchUpを検索］をクリックする。表示される検索窓にキーワード（ここでは「反転」）と入力し、**Enter** キーを押すと、キーワードに関連した検索結果（ここでは［反転］ツールなど）が表示される。［反転］（ツール）の右にある破線で囲まれた部分に何も表示されていないことを確認する。これはショートカットキーがまだ割り当てられていない状態を表している。

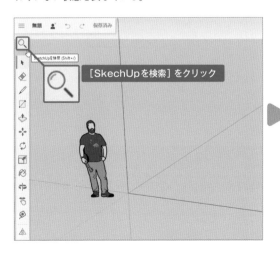

［SkechUpを検索］をクリック

何も表示されていない

2 破線で囲まれた部分にカーソルを合わせ、**Y** キーを押すと、[Y] と表示される。

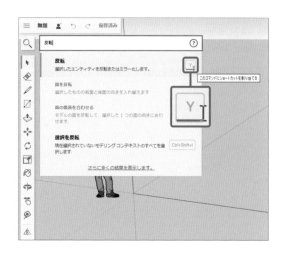

3 **Y** キーが [反転] ツールのショートカットキーとして割り当てられる。以降、**Y** キーを押すと ⚠ [反転] ツールが選択される。

[反転] ツールが選択されて
反転平面が表示される

4 ショートカットキーをリセットする（標準設定に戻す）ときは、[Sketch Upを検索] を選択して表示される入力ボックスの右側にある「?」をクリックし、表示されるリストから [すべてのショートカットをリセット] を選択する。

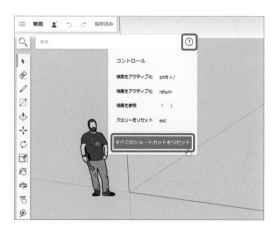

Hint ショートカットキーの割り当てを解除する方法

個別にショートカットキーの割り当てを解除（ショートカットキーが割り当てられていない状態に）したい場合は、①解除したいツールのショートカットキーを、すでにほかのツールに割り当てられているショートカットキー（例えば[線]ツールに割り当てられている **L** キー）に割り当てる。②再度、元のツールにショートカットキー（[線]ツールに **L** キー）を割り当てる。これにより、ツールのショートカットキーの割り当てを解除できる。

5-1-3 パネルバーにない設定を行う

[SketchUpを検索] で検索すると、パネルバーには用意されていない設定を行うことができる。ここでは「外形線」の表示／非表示などの設定を行う例で解説する。

1 メニューバーの[SketchUpを検索]をクリックし、検索窓にキーワード（ここでは「外形線」）を入力し Enter キーを押す。
検索結果として［外形線を表示］と表示され、右側にオン／オフの切替スイッチが表示される。

2 切替スイッチが「オン」の状態は、モデルの外形線が表示されている（左図）。［オン／オフ］スイッチをクリックして「オフ」にすると、外形線が非表示（若干、外形線が精細）になる（右図）。

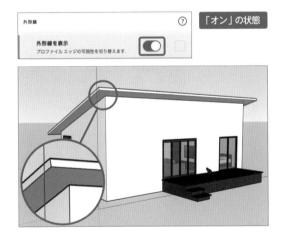

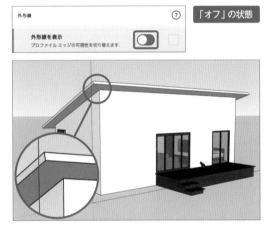

3 同様にして、「外形線」以外にも、「空」や「地面」「影」「軸」「断面平面」などの表示／非表示設定を行える（図は、「地面」と入力して検索した結果の「地面」の表示／非表示の設定）。

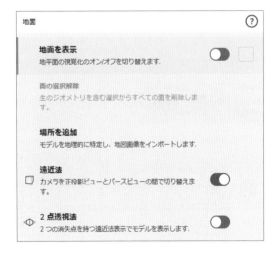

5-1-4 ファイルの改訂履歴から元のファイルを復元する

SketchUp for Webは、ファイルを保存するたびにファイルの改訂履歴が保存される。この履歴を遡ることで、いつでもそのファイルが保存された時点に戻り、内容を復元できる。

1 ［ホーム］画面を表示し、左側のメニューから［TRIMBLE CONNECT］をクリックして選択する。

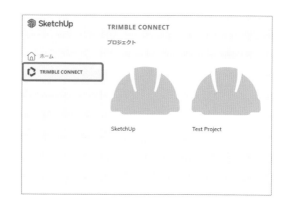

2 表示される［プロジェクト］フォルダの中から戻りたいファイルの ⋮ をクリックする。表示されるメニューから［履歴］を選択する。

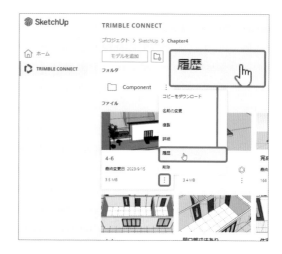

3 画面右側に［改訂履歴］が表示されるので、戻りたい時点のファイルの右側にある［エディターで表示］をクリックして選択する。選択した時点のファイルが描画領域に表示される。

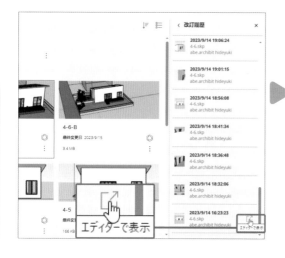

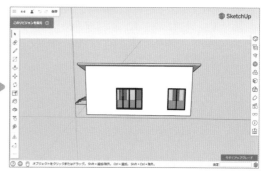

Chapter **5** SketchUp for Web 活用テクニック

Hint	自動保存回避のため、名前を付けて保存する

一定時間ファイルを表示したままにすると、同じファイル名で自動的に上書き保存され、履歴が消去される場合がある。これを回避するには、メニューバーの［モデル/環境設定を開く］をクリックし、表示されるメニューから［名前を付けて保存］を選択して別名で保存しておく。これにより、保存前のファイルの［改訂履歴］から、履歴を遡ってファイルを復元できる。

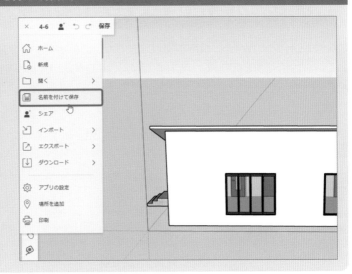

5-1-5　最新の更新情報をチェックする

SketchUp for Webは自動的に更新され、ログイン時に新しい機能が追加されていることもある。何が更新されたかを知るには、［SKETCHUP情報］の［変更ログ］を確認する。

1 ［ホーム］画面を表示し、左下の［バージョン情報］をクリックする。表示される［SKETCHUP情報］画面の［変更ログ］に、更新情報が英語で表示される。

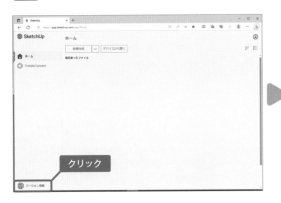

2 英語が苦手という人は、更新情報のテキストをコピーし、Google翻訳などのサービスを利用して翻訳するとよいだろう。

Section
1
知っておくと
便利な Tips

場所を指定して日当たりをシミュレーション

SketchUp for Webは、場所を指定して簡単な地図を読み込み、日付や時間帯を指定して影を表示できる。ここでは建物の場所を指定して、リビングにどのように日が当たり、影ができるかをシミュレーションする方法を解説する。

1 建物などのモデルが配置された任意のファイル（ここでは［5-2-1.skp］）を開く。メニューバーの ☰［モデル/環境設定を開く］をクリックし、表示されるメニューから［場所を追加］を選択する。

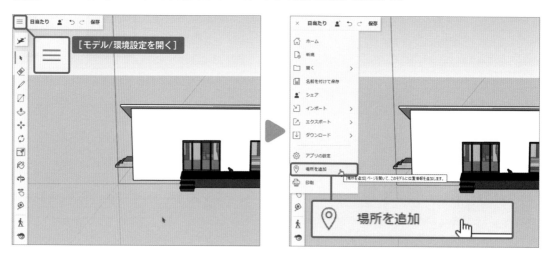

> 📄 ここで使用するデータ
> 5-2-1.skp

2 地図が表示されるので、検索窓にキーワード（ここでは「新宿」）を入力して、［検索］ボタンを押すと、大まかな場所の地図が表示される。

3 地図の［＋］ボタンをクリックして取得可能な最大の縮尺にし、［地域のインポート］―［地域を選択］をクリックすると、取得範囲を表す長方形の枠が表示される。枠の四隅の白い丸をドラッグして取得範囲を指定し、［インポート］をクリックする。

4 モデルのファイルに地図がインポート（読み込み）され、描画領域に表示される。適宜、モデル部分を拡大表示する。

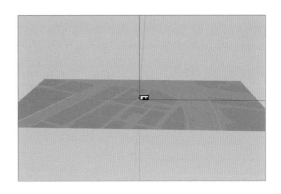

5 パネルバーの 🖼 ［影］を選択する。表示される［影］パネルで、影の［オン／オフ］スイッチを［オン］にすると、影が表示される。

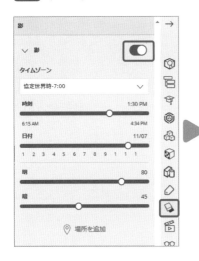 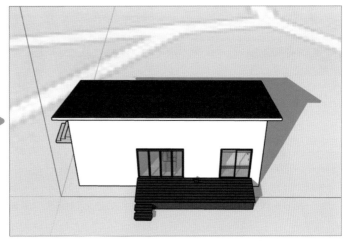

6 図のように、玄関が正面になる視点に変更する。屋根を選択し、右クリックして表示されるコンテキストメニューで［非表示］を選択する。屋根が非表示となり、リビングが見えるようになるので、その部分を拡大表示し、どのように窓から室内に日が射しているかを確認する。

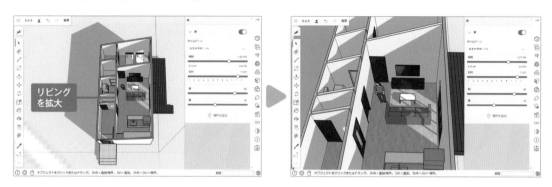

7 ［影］パネルの［時刻］や［日付］のスライドバーをドラッグし、任意の時刻や日付に変更する。リビングの日の射し方が変化することを確認する。

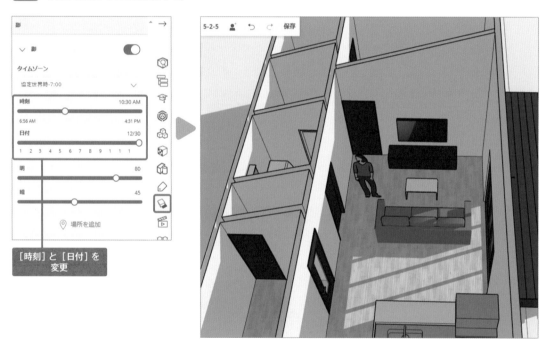

Hint 方角を変更したいときはモデルを回転する

SketchUp for Webの方角は、北が緑軸奥方向に設定されており、これを変更することはできない。方角を変更したいときはモデル側を回転する必要がある。地図のインポート時も緑軸奥方向を北の方角として読み込まれる。

Section 5-3　ウォークスルーで室内を歩き回る

SketchUp for Webには、カメラ位置から見た視点で表示する［カメラを配置］、空間を歩き回るように視点を移動する［ウォーク］、視点の位置を固定して向きを変える［ピボット］などの画面表示機能が用意されている。

1 メニューバーの ≡ ［モデル/環境設定を開く］を
クリックし、表示されるメニューから［ホーム］
を選択する。表示される［ホーム］画面で［デバイスから開く］をクリックして教材データ「5-3-1.skp」を開く。

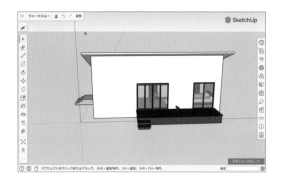

> ここで使用するデータ
> 5-3-1.skp

2 図のように玄関が見える視点に変更する。
拡張ツールセットの ⌖ ［カメラを配置］ツールを
選択する。

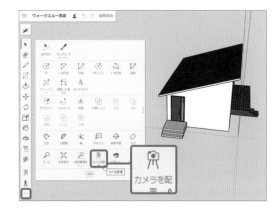

3 玄関の前あたりの位置をクリックすると、カメラが配置される。画面表示がカメラの視点になり、玄関がアップで
表示される。

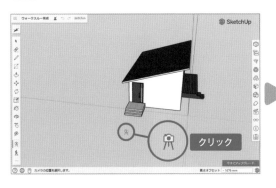
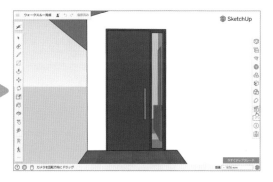

Section
3
ウォークスルーで
室内を歩きまわる

191

4 パネルバーの 🖻 [シーン] を選択し、表示される [シーン] パネルの [カメラ] ―[視野 (FOV)] のスライドバーをドラッグし、「60」に設定する（左図）。視野角が広がり、より広範囲を見渡せる表示になる（中図、右図）。

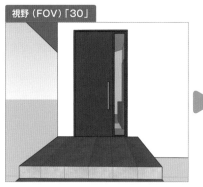

視野 (FOV)「30」

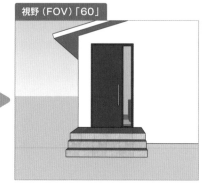

視野 (FOV)「60」

5 拡張ツールセットの 🚶 [ウォーク] ツールを選択する。

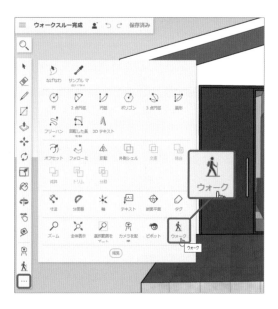

6 玄関ドアをクリックし、マウスボタンを押したまま上方向に少しドラッグすると、前に歩くように視点が移動する。そのまま玄関ポーチの階段を昇るように視点を移動させる。

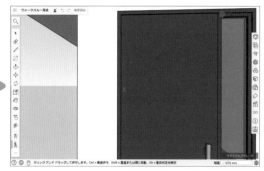

7 玄関ドアに突き当たると、カーソルに小さく侵入禁止マークが表示されて進めなくなる。いったん、マウスボタンを放し、**Art** キーを押しながらドラッグして進むとドアをすり抜けることができる。すり抜けたあとは **Art** キーを放す。

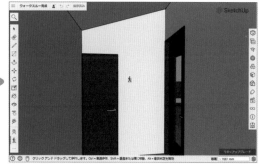

Hint **すり抜けはゆっくりと行う**

[ウォーク] ツールで **Art** キーを押しながら進むと、壁やドアとの衝突を無視してすり抜けることができる。しかし、移動の速度が早いと衝突判定が正常に機能せず、壁のすき間に入ってしまうことがある。そのような状態にならないよう、ゆっくり移動する（ドラッグの距離を短くし、少しずつ移動する）ことがコツだ。

---

8 手順 **6** 〜 **7** の要領で住宅の中に移動し、リビングの部屋を表示したところ。🚶 [ウォーク] ツールを使って歩き回り、視点移動をしてみる。

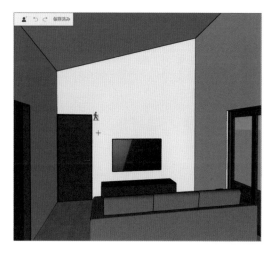

Section
3
ウォークスルーで
室内を歩きまわる

9 ある位置で視点を固定し、向きだけを変えて周り
を見渡したいときには［ピボット］ツールを使用
する。
ツールセットの 👁 ［ピボット］ツールを選択する。

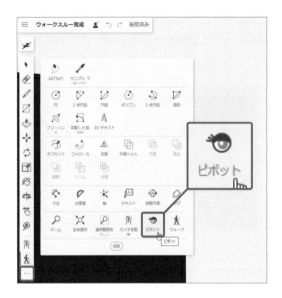

10 任意の位置でカーソルを上下左右にドラッグすると、その方向に視点の向きが変わる。

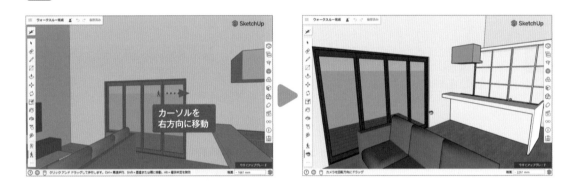

11 現在表示されている視点を「シーン」として保存しておくことで、いつでもその視点に切り替えられる。
パネルバーの 🖼 ［シーン］を選択し、表示される［シーン］パネルで ⊕ ［シーンを追加］をクリックする。［私のシー
ン］にシーン（ここでは「シーン1」）が追加され、このシーンをクリックするといつでもそのシーンに視点が変更される。

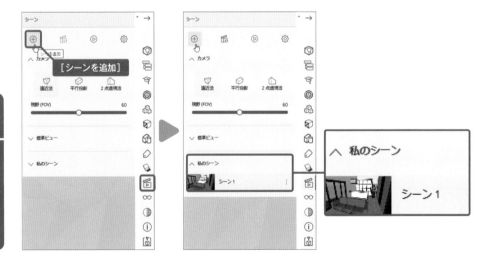

モデルを画像ファイルとして書き出す

SketchUp for Webでは、画面に表示された状態を、PNG形式の画像ファイルとして書き出し（エクスポート）できる。PNGファイルは、ExcelやWordの書類に貼り付けたり、Adobe Photoshopなどの画像編集ソフトウェアで編集したりできる。ここでは、より精細な画像を書き出す方法を解説する。

1 SketchUp for Webは、画像の解像度を指定して書き出しできるが、解像度を最大にしても精細な線にはならないことが多い（2024年5月時点）。ただし、Webブラウザのウィンドウサイズをできるだけ大きくすることで、書き出す画像ファイルのサイズが大きくなり、より精細な線で書き出すことが可能となる。
任意のファイル（ここでは「5-4-1.skp」）を開き、F11 キーを押してSketchUp for Webを表示しているWebブラウザのウィンドウサイズを、モニターの全画面表示にする。

> ここで使用するデータ
> 5-4-1.skp

2 メニューバーの [モデル/環境設定を開く] をクリックし、表示されるメニューから [ダウンロード] ー [PNG] を選択する。

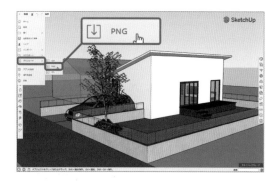

3 [イメージをエクスポート] ダイアログが表示される。縦横のサイズ（解像度）を入力できるが、この時点で表示されている値（横1920×縦1080pixel）以上の値を入力しても精細な画像になることは期待できないので、このまま作業を進める。[PNGでエクスポート] をクリックする。[大きな画像をエクスポート中] のダイアログが表示されるので、[エクスポート] をクリックする。PNGファイルがパソコンの「ダウンロード」フォルダに書き出し（保存）される。書き出したファイルのファイル名はSketchUpのファイル名と同じ（ここでは「5-4-1.png」）となる。

4 書き出したPNGファイルをAdobe Photoshop（以下、Photoshop）で開いたところ。上図は、Webブラウザのウィンドウサイズを最大化して書き出した画像。下図は、Webブラウザのウィンドウサイズが小さい状態で書き出した画像。どちらも画像サイズは1920×1080ピクセルだが、上図のほうが壁の線などが精細に見える。

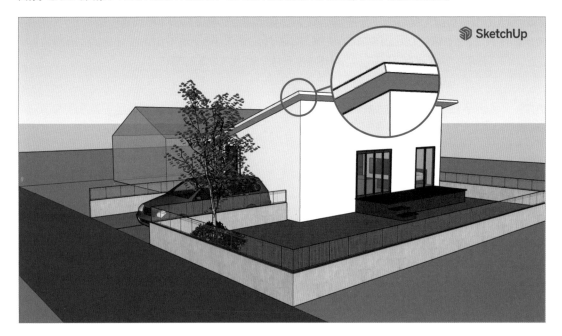

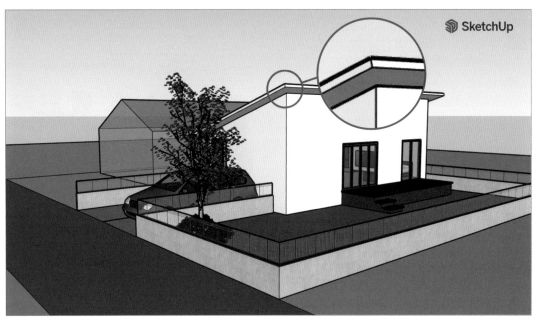

Chapter 5
SketchUp for Web
活用テクニック

下絵にしやすい線画を作成する

SketchUpで作成したモデルを線画として書き出し、PhotoshopやGIMPなどの画像編集ソフトで着色や
加工することで、イラストやアニメーションなどの下絵として利用することができる。ここでは主に［スタイ
ル］ツールを使って線画に加工する。ただし、SketchUp for Webでは［スタイル］ツールでできることが制
限されているので、限られた機能で線画を作成するコツを解説する。

5-5-1 | 線画に変更する

1 教材データ「5-5-1.skp」を開く。

ここで使用するデータ
5-5-1.skp

2 パネルバーの［スタイル］を選択し、表示される［スタイル］パネルの［参照］―［デフォルトのスタイル］
―［隠線］を選択する。面のマテリアル（質感や色）が非表示となり、立体が線のみで表示される。［スタイル］パ
ネル右上の「→」をクリックしてパネルを閉じる。
この状態で下絵として十分使用できるのであれば、「**5-4　モデルを画像ファイルとして書き出す**」（**P.195**参照）の要領
でPNGファイルとして書き出し、他の画像編集ソフトウェアなどで開く。

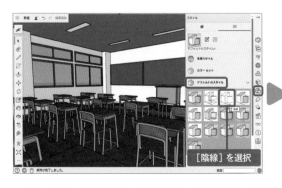

[陰線]を選択

ただし、右図の作例の場合、椅子のパイプ部分などの外形線がうまく表示されていない。このようにモデルの外形線が表
示されない場合の対処方法を次ページから解説する。

5-5-2 非表示ジオメトリを表示する

1 5-5-1 **2** に続けて、📐 [選択] ツールを選択し、パネルバーの ∞ [表示] を選択する。表示される [表示] パネルの [非表示ジオメトリ] の [オン/オフ] スイッチを [オン] にすると、モデルを構成しているエッジがすべて表示される。一番簡単な対処方法だが円柱やパイプなどのエッジが多いモデルでは、線が邪魔に見える場合もある。

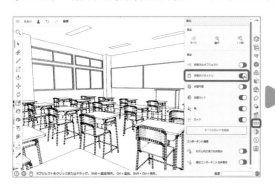

5-5-3 スタイルを[写真モデリング スタイル]にする

1 5-5-1 **2** に続けて、[スタイル] パネルで 🔍 [参照] ― [写真モデリング] ― [写真モデリング スタイル] を選択する。外形線がすべて表示される。

図の作例では椅子の外形線が表示されて見やすいが、線がやや太くなっている。また、線色が黒ではなく青色となるので、PMGファイルで書き出し後、必要に応じてPhotoshopなどの画像編集ソフトウェアで色変更などを行う。

Hint　画像ソフトウェアで線画の色を変更する

5-5-3の方法で作成した線画をSketchUpからエクスポート（書き出し）し、青色の線を黒に変更する場合、Photoshopであればカラーモードを「グレースケール」や「モノクロ2階調」に変更すると、速やかに変更できる（図）。

5-5-4 「非表示」設定の線を表示する

 1 **5-5-3**のように［写真　モデリングスタイル］で
線画にして、それでも表示されない線がある場合、
その線が「非表示」に設定されている可能性がある。そ
のようなときは、線を「表示」に設定する。
教材データ「5-5-4.skp」を開く。

> ここで使用するデータ
> 5-5-4.skp

2 ［選択］ツールを選択し、パネルバーの ［スタイル］を選択する。表示される［スタイル］パネルで ［参照］
― ［写真モデリング］― ［写真モデリング　スタイル］を選択する。外形線が表示されるが、ソファの肘掛け部分
の外形線が表示されていない。

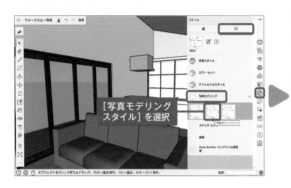

［写真モデリング
スタイル］を選択

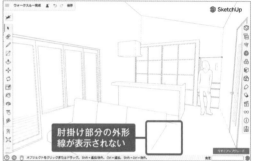

肘掛け部分の外形
線が表示されない

3 図のように、ソファのひじ掛け部分を拡大表示する。 ［選択］ツールで、パネルバーの ［表示］を選択する。
表示される［表示］パネル ― ［非表示ジオメトリ］の［オン/オフ］スイッチを［オン］にすると、ソファを構成
しているエッジがすべて表示される。
ソファのコンポーネントをダブルクリックし、ひじ掛け部分の表示したい線（ここではひじ掛け部分手前の縦の線）を右ク
リックし、表示されるメニューから［表示］を選択する。

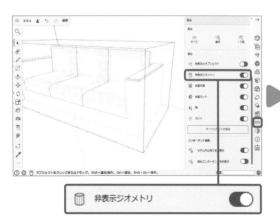

非表示ジオメトリ

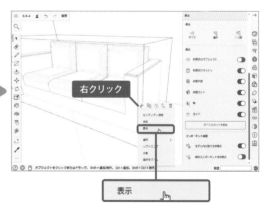

右クリック

表示

Section
5
下絵にしやすい線画を
作成する

4 [選択] ツールで、[表示] パネル ―[非表示ジオメトリ] の [オン/オフ] スイッチを [オフ] にする。再度、パネルバーの [スタイル] を選択し、表示される [スタイル] パネルで [参照] ―[写真モデリング] ―[写真モデリング スタイル] を選択する。ソファの肘掛け部分の外形線が表示されていることを確認し、手順 **2** の視点に戻す。

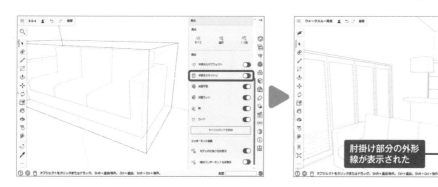

肘掛け部分の外形線が表示された

5-5-5 カスタマイズされたスタイルを読み込んで適用する

1 SketchUp for Desktopはスタイル（線や面の描画手法）をカスタマイズ（自由に変更）できるが、SketchUp for Webは「スタイル」をカスタマイズできない。ただし、SketchUp for Desktopで作成したファイルをSketchUp for Webにインポート（読み込み）することで、カスタマイズされたスタイルの適用が可能となる。この仕様を利用して、外形線がきちんと見える線画にしてみる。
教材データ「5-5-5.skp」を開く。

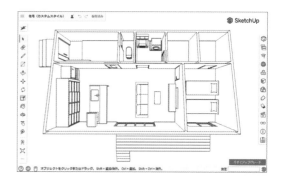

ここで使用するデータ
5-5-5.skp
教室.skp

2 読み込んだファイルには、線を細くし、陰線処理して外形線がきちんと見えるようにカスタマイズされたスタイル「陰線（外形線あり）」が適用されている。[選択] ツールを選択し、Ctrl + A キーを押してすべての立体とエンティティを選択する。Delete キーを押してすべての立体とエンティティを削除する。立体とエンティティは削除されるが、スタイル「陰線（外形線あり）」はこのファイルに保存されたままである。

すべてのエンティティを削除する

3 メニューバーの ☰ [モデル/環境設定を開く] をクリックし、表示されるメニューから [インポート] ― [自分のデバイス] を選択する。表示される [ファイルのインポート] ダイアログの [自分のデバイス] をクリックする (左図)。表示される [ファイルのインポート] ダイアログの [自分のデバイス] をクリックし、線画にしたいファイル (ここでは、教材データの「教室.skp」) を選択する (右図)。

4 表示される [ファイルのインポート] ダイアログの [コンポーネントとしてインポート] をクリックすると、コンポーネント「教室.skp」が読み込まれ、描画領域に表示される。読み込まれたコンポーネントは、そのまま配置できる状態になっているので、任意の位置でクリックすると教室のコンポーネントが配置される。

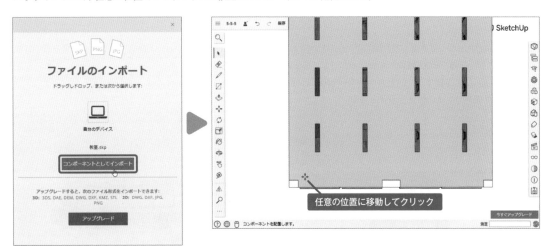

任意の位置に移動してクリック

5 図のように教室内が見える視点に変更し、 [選択] ツールを選択する。パネルバーの [スタイル] を選択し、表示される [スタイル] パネルで [モデル内] ― [隠線 (外形線あり)] を選択する。SketchUp for Desktopでカスタマイズしたスタイル「陰線 (外形線あり)」が、SketchUp for Webで作成したモデルに適用される。線が細くなり、外形線もきちんと表示された状態の線画になる。

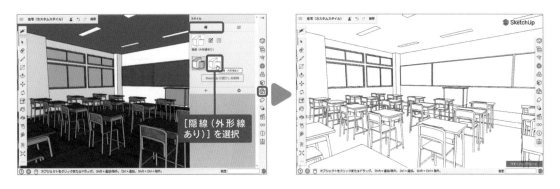

[隠線 (外形線あり)] を選択

Section 5-6 3Dモデルと画像を合成する

SketchUp for Webで作成した3Dモデルを2D画像として書き出し、Photoshopなどの画像編集ソフトウェアで他の画像と合成すると、より表現の幅が広がる。このとき、背景を透明にした状態で画像を書き出すことで、画像編集ソフトウェアで編集が行いやすくなる。ここでは、建物の画像をPhotoshopに読み込んで、背景を合成してみる。なお、Photoshopの編集工程や操作方法については省略するのでご了承いただきたい。また、ここで用いる背景用の画像（PNGファイル）は、ご自身でご用意いただきたい。

1 SketchUpで、建物モデルのSKPファイル（ここでは「5-6-1.skp」）を開く。

> ここで使用するデータ
> 5-6-1.skp

2 SketchUpから書き出したPNGファイルを合成する場合、背景を透明にしておくと作業が楽だが、背景を透明にすると軸（赤軸・青軸・緑軸）が表示されてしまうため、事前に軸を非表示にする。

[選択] ツールを選択する。パネルバーの [表示] を選択し、表示される [表示] パネルの [軸] の [オン/オフ] スイッチを [オフ] にする。軸が非表示となる。

3 メニューバーの [モデル/環境設定を開く] をクリックし、表示されるメニューから [ダウンロード] ― [PNG] を選択する。

Chapter **5** SketchUp for Web 活用テクニック

202

4 表示される［イメージをエクスポート］ダイアログで縦と横のピクセル数（ここでは横「4000」px、縦「1500」pxを）を入力し、［透明な背景］にチェックを入れ、［PNGでエクスポート］をクリックする（**P.195**「5-4　モデルを画像ファイルとして書き出す」参照）。背景が透明なPNGファイルがダウンロードフォルダに書き出し（保存）される。PNGファイルは、SKPファイルと同じファイル名＋拡張子「.png」（ここでは「5-6-1.png」）で書き出される。

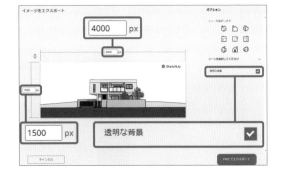

5 ［大きな画像をエクスポート中］のダイアログが表示されるので、［エクスポート］をクリックする。

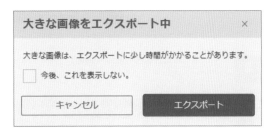

6 Photoshopを起動し、背景用の画像のPNGファイルを開く（ここで開く背景用の画像、PNGファイルは、ご自身でご用意いただきたい）。

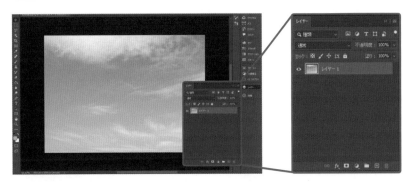

Hint　背景画像のサイズ

自分で合成用の背景画像を用意するときは、あらかじめSketchUpで書き出したPNGファイルをPhotoshopで開いて画像のサイズを確認し、それに合わせたサイズで背景画像を作成しておくとよい。

7 SketchUpから書き出したPNGファイル（ここでは「5-6-1.png」）をPhotoshopの画像領域にドラッグ＆ドロップする。「5-6-1.png」が読み込まれ、背景（空）の前面に、建物の画像が重なる。

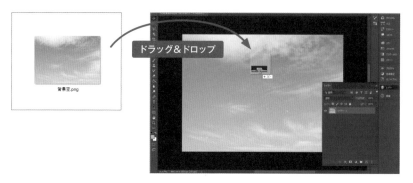

8 このとき、背景と建物の画像が別のレイヤーになっていることを確認する。

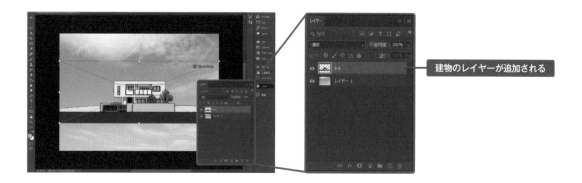

建物のレイヤーが追加される

9 建物の位置を移動したり、サイズを拡大したりなどの調整をして合成画像を完成させる。

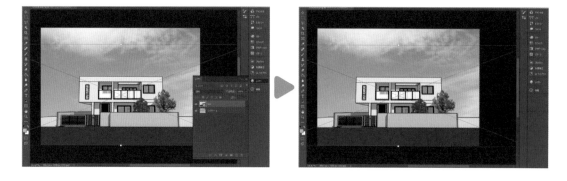

10 レイヤーが建物と背景に分かれているので、Photoshopで建物や背景の画像を差し替えたり、明るさや色味を個別に編集したりすることが容易となる。

左上図はここで紹介した手順で作成した画像、右上図はそれに編集を施し、夜景に変更した画像である。

左下図はSketchUpで作成した別のモデル（別荘）、右下図はそれをPNGファイルで書き出し、Photoshopで添景などを合成した画像である。

青空との合成画像（完成）

夜景に変更した画像

別荘のSketchUpデータ

別荘の合成画像（完成）

SketchUpのデータをTwinmotionで読み込む

「Twinmotion」は、モデリングソフトで作成したモデルを読み込み、樹木や人物などの添景を加えたり、天候をシミュレーションしたりして、フォトリアルな静止画や動画としてレンダリング(書き出し)できるビジョアライゼーションソフトだ。SketchUpとの相性もとてもよい。ここでは、Twinmotionの特徴や、SketchUpで作成したしたモデルをTwinmotionに読み込むときのポイントなどを紹介する。

※注意：Twinmotionは、非商用利用の場合は無料で使用できるが、商用利用の場合は有料ライセンスが必要となる。(2024年5月時点)

● Twinmotionの特徴①　簡単に静止画・動画を作成可能

Twinmotionには、あらかじめ樹木や人物、車などさまざまな添景が用意されているので、別途それらを用意する必要がない。また、マテリアル(素材)も豊富で、ドラッグ&ドロップ操作でマテリアルを適用できる。手軽に臨場感のある表現の静止画や動画を作成できるのがTwinmotionの長所でもある。

樹木や人物、車などの点景が豊富に用意されており、それらを配置するだけで画作りができる

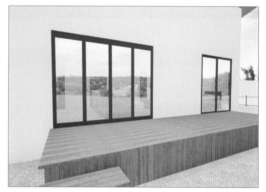
ドラッグ&ドロップ操作でマテリアルを適用できるなど、簡単な操作性で使いやすい

● Twinmotionの特徴②　写真のようにリアルな表現

Twinmotionを使えば、さまざまな表現が可能だ。パス(軌跡)を指定して人物や車を移動させることや、太陽光の方角を自由に変更する、雨や雪などの天候を再現する、といったことも容易に行える。

Twinmotionは、写真のようにリアルな静止画や動画を作成できる

太陽光の方角を変更したり、雨や雪などの天候を再現したりできる(図は雪が降っているシーンにしたところ)

5-7-1 準備 SketchUpでマテリアルを整理しておく

Twinmotionでデータを読み込む前に、あらかじめSketchUp側で準備しておいたほうがよいことがある。
Twinmotionでもマテリアルの変更は可能だが、いくつかのオブジェクトに同じマテリアルが設定されている場合、同じマテリアルのものがすべて一括変換されてしまう仕様になっている。そのせいで、後から個別にオブジェクトのマテリアルを変更したい場合に、Twinmotionでの対応が難しい。SketchUpは、個別にマテリアルを変更することが容易なので、SketchUp側でマテリアルを個別に変更、整理しておいたほうが効率的だ。
また、SketchUp for Webでは、マテリアル名を変更することができないので、「3D Warehouse」（**P.176参照**）などを活用して、選択できるマテリアル数を増やしておくとよい。

① すべてのガラスに同じマテリアルを設定した場合

Sketchup側ですべてのガラスに同じマテリアルを設定したデータを、Twinmotionで読み込んだ場合。Twinmotionで1つのガラスのマテリアルを変更するとすべてのガラスのマテリアルが変更され、個別に変更することはできない。

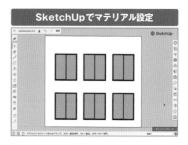
SketchUpでマテリアル設定

Twinmotionで読み込み

Twinmotionでマテリアル変更

② ガラスに違うマテリアルを設定した場合

Sketchup側で左の4つのガラスと右の2つのガラスに違うマテリアルを設定したデータを、Twinmotionで読み込んだ場合。Twinmotionで左の4つと右の2つを別々に変更することができる。

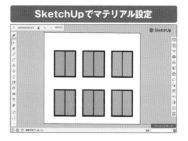
SketchUpでマテリアル設定

Twinmotionで読み込み

Twinmotionでマテリアル変更

TwinmotionでSketchUpのデータを読み込むためには、SketchUpでSKP（SketchUpファイル）形式かSTL（Standard Triangulated Language）形式のいずれかでファイルを書き出す。ただし、STLファイルは、マテリアルがすべて同一のものとなって書き出しされてしまう。一方SKPファイルは、SketchUpで指定したマテリアルを反映した状態で書き出しできるので、SKPファイルで書き出すほうがよい。

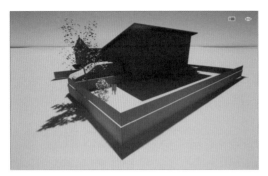

STLファイルをTwinmotionに読み込んだ場合。すべてのマテリアルが同一のものになってしまう

SKPファイルをTwinmotionに読み込んだ場合。SketchUpで指定したマテリアルが反映されている

1 SketchUpで、該当するファイルを開く。メニューバーの≡［モデル/環境設定を開く］をクリックし、表示されるメニューから［ダウンロード］―［SKP］を選択する。ファイルで使用されていないオブジェクトなどがある場合には、それらを削除するか否かを選択するダイアログが表示されるのでいずれかを選択すると、パソコンの「ダウンロード」フォルダにSKPファイルがダウンロード（保存）される。

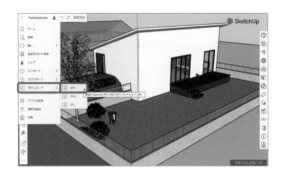

2 Twinmotionを起動し、［ファイル］メニューの［インポート］を選択する。表示されるダイアログ（左図）で［ジオメトリ］を選択し、［開く］をクリックして手順**1**で保存したSKPファイルを選択する。オプションの選択ダイアログ（右図）が表示されるので、［再構成］のメニューから［オブジェクト階層を維持する］を選択し、［インポート］をクリックすると、Twinmotionにモデルが読み込まれる。

効率のいい板取図を作成する

DIYで簡単な棚やテーブルなどを作る際の材料として、ホームセンターで木の板をカットしてもらうことがある。希望通りにカットしてもらうためには板取図が必要となる。そのとき、いかにカット回数を最小限に抑え、無駄な材料が出ないように効率よくカットするかが重要だ。SketchUpのコンポーネント機能を利用すると、完成イメージと板取図の連携が取れて検討しやすい。ここでは背板のない、簡単な本棚の例で解説する。

1 板厚18mmの板を使い、B6判（182×128mm）のコミックが収まる、幅600×奥行き150×高さ642mm（1段の高さ190mm）の3段の本棚を作ることを想定する（教材データ「5-8-完成予想図.skp」）。

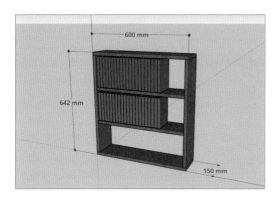

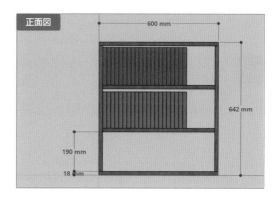

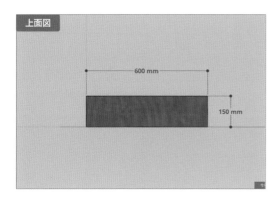

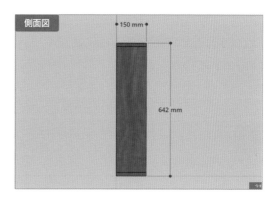

2 まず、SketchUp上でこのサイズの本棚の完成モデルを作成する。このとき、天板と底板、側板、棚板をそれぞれ同じコンポーネントで作成し（コンポーネントの作成方法は**P.073**参照）、区別がつきやすいように色分けしておく（色のつけ方は**P.071**参照）。これにより、3種類の板が2枚ずつ必要となることがわかる（教材データ「5-8-2.skp」）。

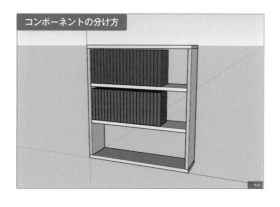

コンポーネントの分け方

3 ホームセンターなどで販売されている木材は、規格で大きさが決まっている。ここでは板厚18mmの3×6板（910×1820mm）を使うので、本棚の完成モデルの横などにこのサイズの長方形を作成する（ここでは、わかりやすいように木目のマテリアルを設定した）。

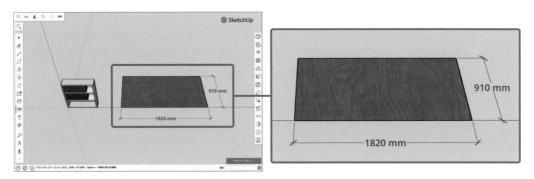

4 手順 **2** で色分けした板のコンポーネントをコピーし、手順 **3** で作成した3×6板サイズの長方形の上に配置する。このときコンポーネント（板）の間は、カット時のノコギリの厚みとして5mm空けておく。棚1つ分のコンポーネントを配置してみたところ板取りに余裕があるので、とりあえずそれぞれのコンポーネントを6つずつ（本棚3つ分）配置してみる。長方形から縦がはみ出し、横には空きがある。

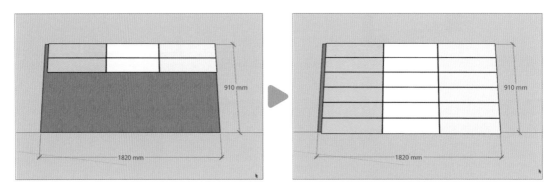

5 [寸法] ツール（**P.057参照**）で寸法を記入してみると、縦に15mmはみ出しており、横に40mmの空きがあることがわかる。

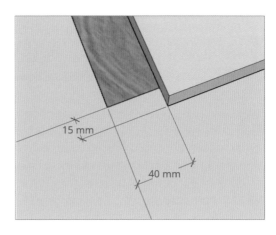

6 ⬆ [プッシュ/プル] ツールを使って、3×6板サイズの長方形の左辺に合わせるように、側板（水色）のコンポーネントの左側面を40mm伸ばす。

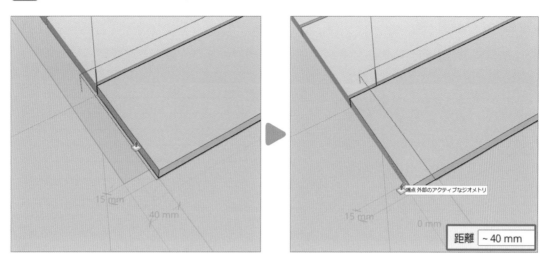

7 手順 **5** で側板のコンポーネントを伸ばしたことにより、完成モデルの側板も40mm伸びる。これに合わせるため、天板（紫色）と側板を上方向に40mm移動し、棚板（緑色）の位置も移動して調整する。

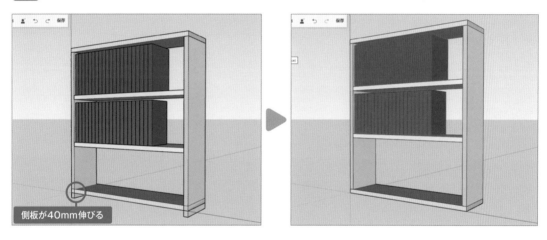

側板が40mm伸びる

8 手順 **6** とは逆に、今度は完成モデル側のコンポーネントを編集する。⬆ [プッシュ/プル] ツールを使って、完成モデルの側板、天板、棚板の3種類のコンポーネントの幅（本棚の奥行き）をそれぞれ2.5mm狭める。

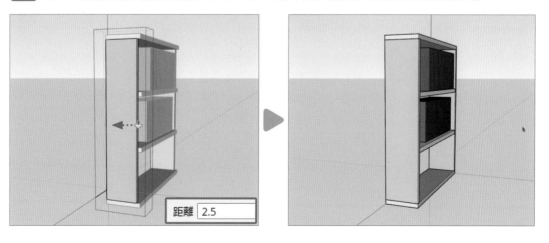

距離 2.5

9 3×6板サイズの長方形の上に配置したコンポーネントを確認すると、幅が変更されていることがわかる。左図のように3種類のコンポーネントを1つずつ残して削除し、5mm間隔で再配置し、板取図が完成となる（教材データ「5-8-9.skp」）。最終的に幅600×奥行き147.5mm×高さ682mm（1段の高さ203.3mm）の3段の本棚となるが、最小限のカット回数で、無駄なくカットできる。

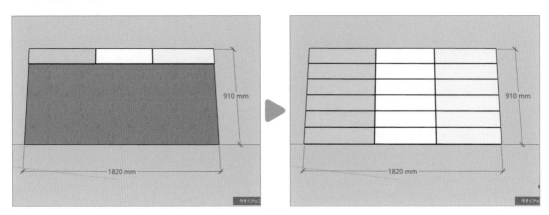

モデルデータを3Dプリントする

安価になったことで個人で3Dプリンタを購入する人も増えてきたが、データをアップロードすれば3Dプリントして完成品を届けてくれる「3Dプリントサービス」もある。そのようなサービスの1つ、「DMM.make」を利用してSketchUpのデータを3Dプリントする流れを紹介する。

DMM.makeでは、SketchUpのSKPファイルを3Dプリントすることはできない。そのため、SketchUpで作成した3DデータをSTLファイルで書き出す必要がある。
また、作成した3Dデータをそのままアップロードするというのは現実的ではない。まず、他の検証用ソフトウェア（ここでは「MiniMagics Free」）で3Dプリントできるかを検証し、問題を修正してからアップロードするのが基本的な流れである。

● DMM.make（https://make.dmm.com/）

DMM.makeで3Dプリントするにあたっては、SketchUpでデータを以下の条件に従って修正しておく必要がある。

①表側のすべての面を表面に設定する。
②重なっている面は1つに統合する。
③1つのシェル（貝殻のように閉じて囲まれている状態）にする。例えば図では、左のオブジェクトはOKだが、右のオブジェクトは上下2つのシェルに分かれているため3Dプリントが正しく行えない。

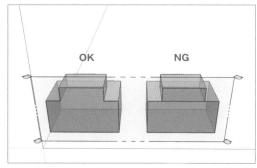

左のオブジェクトは1つのシェルとなっているためOKだが、右のオブジェクトは上下2つのシェルに分かれているためNGだ

その他3Dデータの作成ルールの詳細について、下記のWebページで必ず確認していただきたい。

● **DMM.make「3Dデータの作成ルール」**
https://make.dmm.com/print/datarules/

● DMM.make「3Dデータの作成ルール」（https://make.dmm.
com/print/datarules/）

1 ここでは、SketchUpでロゴの入ったボトルキャップを作成し、それを3Dプリントする例で解説する。SketchUpでメニューバーの［モデル/環境設定を開く］をクリックし、表示されるメニューから［ダウンロード］―［STL］を選択する。「ダウンロード」フォルダにSTLファイルがダウンロード（保存）される。

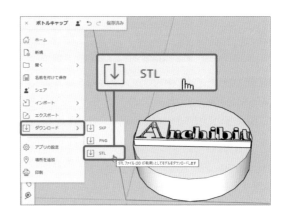

2 3Dプリントデータをチェックするソフトウェア「MiniMagics Free」をダウンロードする。下記のWebサイトにアクセスする。

● MiniMagics Free
https://www.materialise.com/ja/industrial/software/minimagics

表示されるWebページ（図）で［今すぐダウンロード！］をクリックする。次のページで［製品］の「MiniMagics Free」を選択し、［ダウンロード］をクリックすると、MiniMagics Freeのインストーラ（2024年5月時点では、MiniMagics_setup_23. 5.0.18_x64.exe）がダウンロードされる。

3 ダウンロードした「MiniMagics Free」のインストーラをダブルクリックしてインストールする。初回起動時には、図のような製品登録画面が表示されるので、適宜氏名やメールアドレスなどの必要事項を入力して登録を行う。

4 MiniMagics Freeを起動する。［ファイル］タブの［パーツを開く］をクリックする。表示される［パーツを開く］ダイアログで、SketchUpから書き出したSTLファイルを選択して［開く］をクリックする。

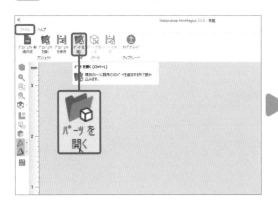

Chapter **5** SketchUp for Web 活用テクニック

5 MiniMagics FreeにSTLファイルが読み込まれ、画面に表示される。自動的に検証が実行され、画面右下［エラー検証］に検証結果が表示される。

3Dプリントデータとして問題のある個所には「×」マークが表示される。［反転三角］は、表側の面が裏面に設定されていることと、その該当数を表している。［バッドエッジ］は、面が重なっている、あるいは面になっていないことと、その該当数を表している。［シェル］は、モデルを構成するシェルの個数を表している。

［エラー検証］を確認すると、3Dプリントデータの条件（**P.213**参照）に適合していない部分があることがわかる。

3Dプリントデータの条件に適合していない

6 再度SketchUpで元の3Dデータのファイルを開き、表側のすべての面を表面にする、重なっている面を削除する、1つのシェルにするなどして問題個所を修正する。図は、分割されていたシェルを1つにしたところ。

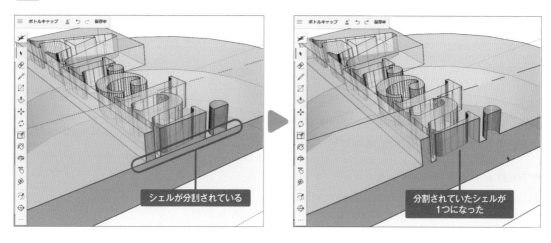

シェルが分割されている

分割されていたシェルが1つになった

7 手順 **1** と同様にして、再度SketchUpでSTLファイルをダウンロード（保存）し、Mini Magics Freeで読み込む。［エラー検証］を確認すると、「✓」マークが表示されてエラーがなくなっている。

これでDMM.make用の3Dプリントデータが完成した（DMM.makeの場合、1ファイルで100シェルまで扱える）。

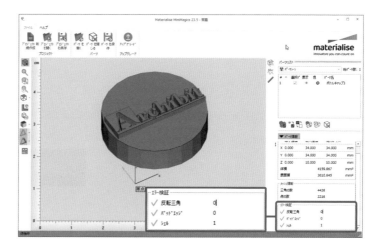

8 DMM.makeサイトに3Dプリントデータをアップロードする。

下記のWebサイトにアクセスする。

● DMM.make「個人のお客様」
https://make.dmm.com/print/personal/

表示されるWebページで[登録・ログイン]ボタンをクリックし、表示される［DMMアカウントにログイン］ダイアログで会員登録を行う。

9 ログイン後の画面で［3Dモデルアップロード（見積り）］をクリックする。［ご利用登録］画面（左図）が表示されるので、［無料会員登録はこちら］をクリックする。次に表示される画面で氏名や住所など必要項目を入力し、［利用規約に同意してサービス利用開始！］をクリックする。［3Dデータアップロード］画面（右図）が表示されるので、［3Dデータをアップロード］ボタンをクリックし、3Dプリントするファイル（ここでは「ボトルキャップ.stl」）を選択して3Dプリントデータをアップロードする。

10 しばらくすると登録済みのメールアドレス宛に、データの確認完了と素材別の見積額を知らせるメール（左図）が届くので確認する。問題がなければ下記のWebサイトにアクセスする。

● DMM.make「マイ3Dデータ」
https://make.dmm.com/mypage/my3d/

表示される「マイ3Dデータ」のWebページに、手順 **9** でアップロードしたファイルが表示される。［注文に進む］をクリックする。

Chapter
5
SketchUp for Web
活用テクニック

11 素材を選択する画面が表示されるので、[種類] ― [大分類を選択してください] および [小分類を選択してください] をクリックして素材などを選択する。[注文する] をクリックして注文を完了する。

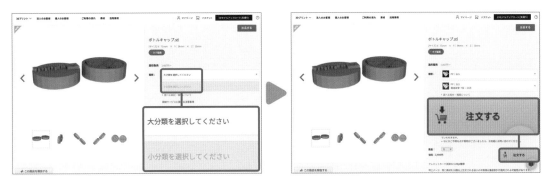

12 後日、3Dプリントされた完成品が郵送されてくる。

Hint　3Dプリントで円を滑らかにする方法

SketchUpの円は、直線の集まりで構成されている。初期値では1つの円が24セグメント（24本の直線）になっているため、3Dプリントすると粗さが目立つ。セグメントを増せばより精密な円を表現できるが、増やしすぎるとデータ量が増えて扱いにくくなる。お勧めは96セグメントで、扱いやすく、粗さが目立たなくなる。

円のセグメントを変更するには、①該当する円のエッジ（円周部分）をクリックして選択し、②パネルバーの [エンティティ情報] を選択し、表示される [エンティティ情報] パネルの [セグメント] に任意の数値（初期値は「24」）を入力する。

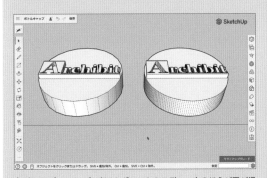

左が24セグメント、右が96セグメントのモデル。右のほうが円が滑らかだ

3Dプリントされたボトルキャップ。完成品も右のほうが円が滑らかだ

索引

た行

[送付先]／FAX ● 03-3403-0582　メールアドレス ● info@xknowledge.co.jp
お問合せフォーム ● https://www.xknowledge.co.jp/contact/book/9784767833033

FAX質問シート

クリエイターのためのSketchUp for Web入門

- ●「本書の手順通り操作したが記載されているような結果にならない」といった本書記事に直接関係のある質問にのみご回答いたします。「このようなことがしたい」「このようなときはどうすればよいか」など特定のユーザー向けの操作方法や問題解決方法については受け付けておりません。
- ● 本質問シートのFAX、メール、お問合せフォームによる質問のみ受け付けております。お電話による質問はお受けできません。
- ● 本質問シートはコピーしてお使いください。また、必要事項に記入漏れがある場合はご回答できない場合がございます。
- ● メールやお問い合わせフォームの場合は、書名と当質問シートの項目を必ずご記入のうえ、送信してください。
- ● ご質問の内容によってはご回答できない場合や日数を要する場合がございます。
- ● パソコンやOSそのもの、ご使用の機器や環境についての操作方法・トラブルなどの質問は受け付けておりません。

ふりがな

氏名　　　　　　　　　　　　　　　　　　　年齢　　　歳　　性別　男 ・ 女

回答送付先 （FAXまたはメールのいずれかに○印を付け、FAX番号またはメールアドレスをご記入ください）

FAX ・ メール

※送付先ははっきりとわかりやすくご記入ください。判読できない場合はご回答いたしかねます。　※電話による回答はいたしておりません。

ご質問の内容 （本書記事のページおよび具体的なご質問の内容）
※例） 2-1-3の手順4までは操作できるが、手順5の結果が別紙画面のようになって解決しない。

【本書　　　　　ページ　～　　　　　ページ】

ご使用のWindowsのバージョン　※該当するものに○印を付けてください

　11　　　　10　　　　その他 （　　　　　　　　　　　　　　　　　　　　　　　　　　　　）

ご使用のSketchUp for Webのプラン　※例） SketchUp Free

（　　）

著者紹介

阿部 秀之（あべ ひでゆき）

有限会社アーキビット代表。一級建築士、一級建築施工管理技士。建築設計のほか、Webアプリケーション開発なども手がける。著書に『Auto CADを200%使いこなす本』『Auto CAD逆引き大事典』『SketchUpパーフェクト作図実践＋テクニック編』『Unityでつくる建築VR入門』『7日でおぼえるAutodesk Revit』（いずれもエクスナレッジ刊）などがある。

クリエイターのための
SketchUp for Web入門

2024年7月1日　初版第1刷発行

著　者············ 阿部 秀之
発行者············ 三輪 浩之
発行所············ 株式会社エクスナレッジ
　　　　　　　　〒106-0032　東京都港区六本木7-2-26
　　　　　　　　https://www.xknowledge.co.jp/

● 問合せ先
　編集　223ページのFAX質問シートを参照してください
　販売　TEL 03-3403-1321 ／ FAX 03-3403-1829 ／ info@xknowledge.co.jp